MY FIRST ROMANIAN DICTIONARY

ENGLISH-ROMANIAN

Designed and edited by Maria Watson
Translated by Loredana Popa

Hippocrene Books, Inc.
New York

My First Romanian Dictionary

English-Romanian

Hippocrene Books, Inc. edition, 2024

For information, address:
HIPPOCRENE BOOKS, INC.
171 Madison Avenue
New York, NY 10016
www.hippocrenebooks.com

ISBN: 978-0-7818-1454-6

First edition, 2024

Published by arrangement with Biblio Bee Publications, an imprint of ibs Books (UK)
56, Langland Crescent, Stanmore HA7 1NG, U.K.

Printed at Star Print-O-Bind, New Delhi-110 020 (India)

Aa

actor

actor

actress

actriță

adult

adult

aeroplane
US English **airplane**

avion

air conditioner

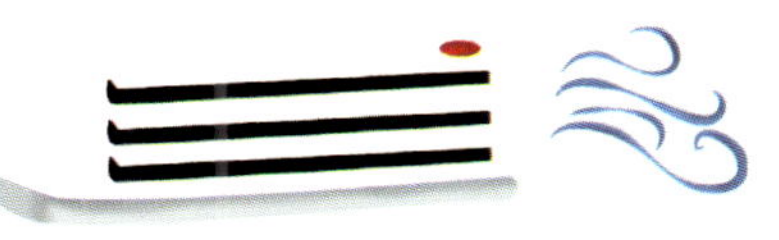

aer condiționat

air hostess
US English **flight attendant**

însoțitoare de bord

airport

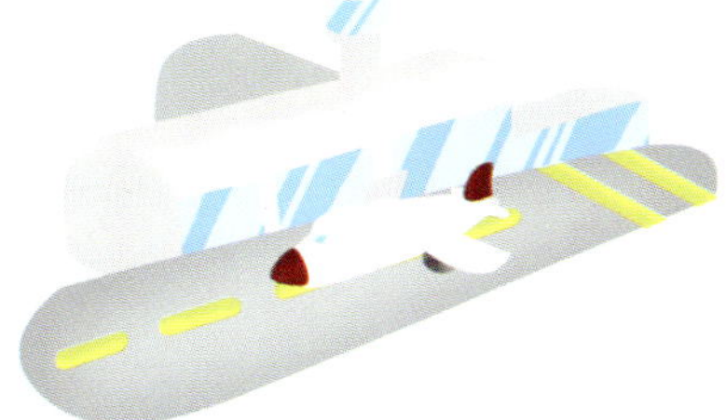

aeroport

album

album

almond

migdală

alphabet

alfabet

ambulance

ambulanță

a b c d e f g h i j k l m n o p q r s t u v w x y z

angel

înger

animal

animal

ankle

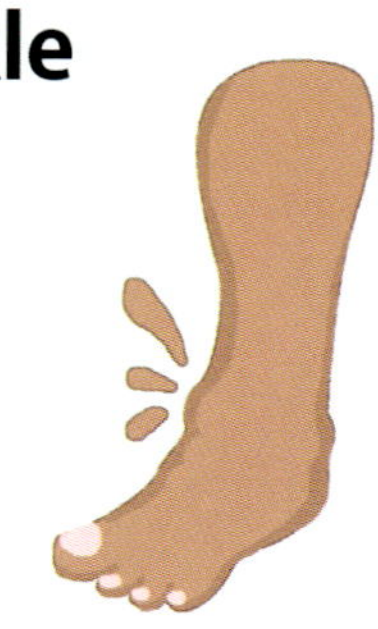

gleznă

ant

furnică

antelope

antilopă

antenna

antenă

apartment

apartament

ape

simian

apple

măr

apricot

caisă

apron

șorț

aquarium

acvariu

archery

tir cu arcul

architect

arhitect

arm

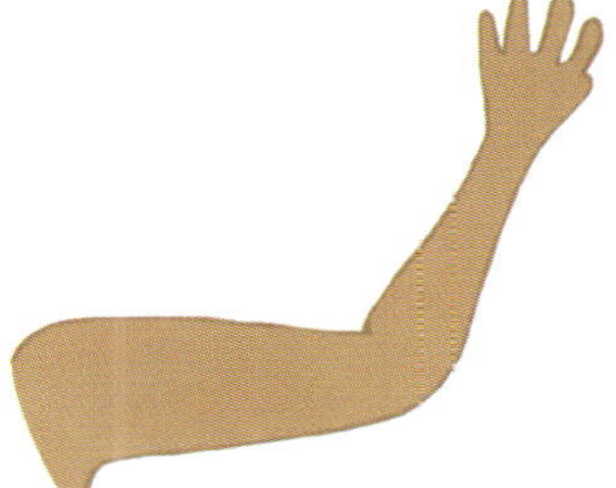

braț

armour
US English **armor**

armură

arrow

săgeată

artist

artist

asparagus

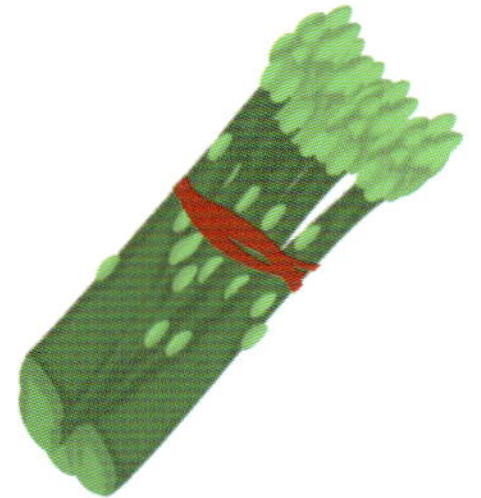

sparanghel

astronaut

astronaut

astronomer

astronom

athlete

atlet

atlas

atlas

aunt

mătușă

a b c d e f g h i j k l m n o p q r s t u v w x y z

author

autor

automobile

automobil

autumn

toamnă

avalanche

avalanșă

award

premiu

axe

topor

Bb

baby

copil

back

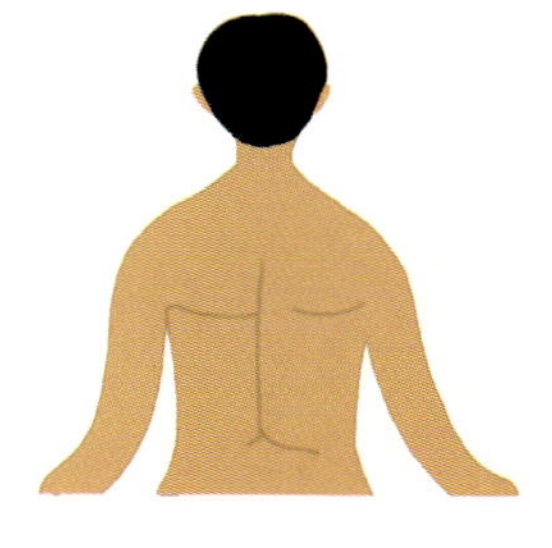

spate

bacon

șuncă

badge

insignă

badminton

badminton

bag

geantă

baker

brutar

balcony

balcon

bald

chel

ball

minge

ballerina

balerină

balloon

balon

bamboo

bambus

banana

banană

band

formație

bandage

bandaj

barbeque

grătar

barn

hambar

barrel

butoi

baseball

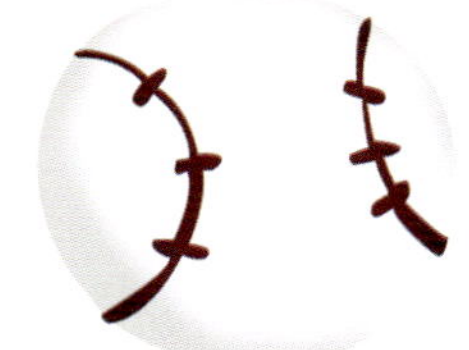

baseball

basket

coș

basketball

baschet

bat

liliac

bath

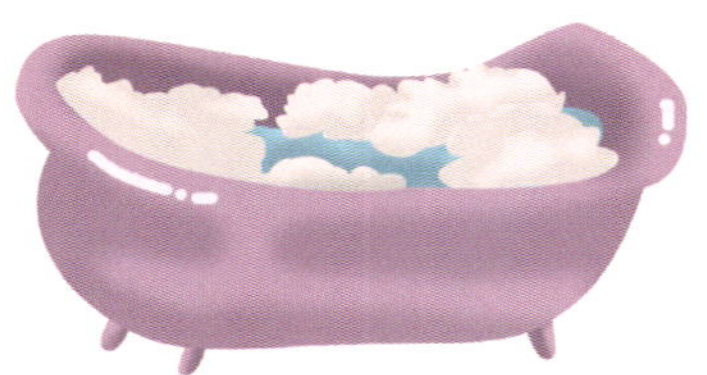

baie

battery

baterie

bay

golf

beach

plajă

beak

cioc

bean

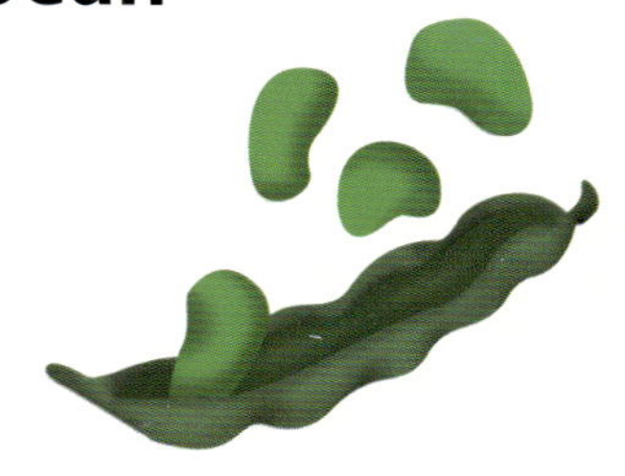

fasole

bear

urs

beard

barbă

bed

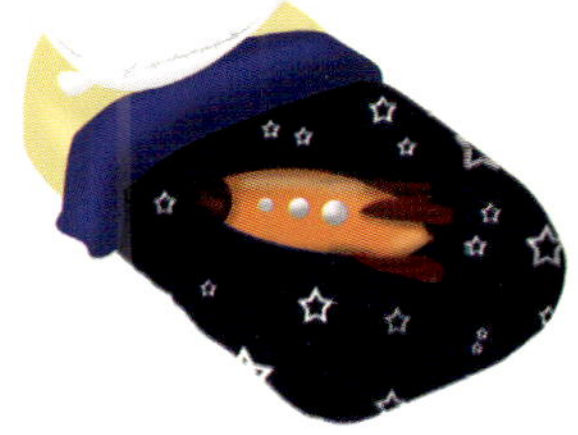

pat

bee

albină

beetle

cărăbuș

beetroot

sfeclă

bell

clopot

belt

curea

berry

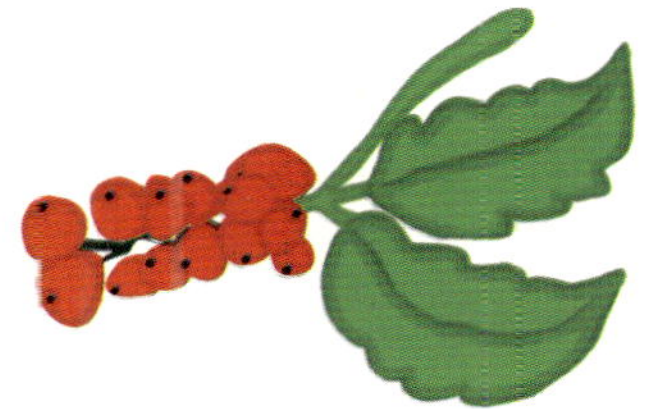

bacă

bicycle

bicicletă

billiards
US English **pool**

biliard

bin

coş

a
b
c
d
e
f
g
h
i
j
k
l
m
n
o
p
q
r
s
t
u
v
w
x
y
z

bird

pasăre

biscuit

biscuite

black

negru

blackboard

tablă

blanket

pătură

blizzard

viscol

blood

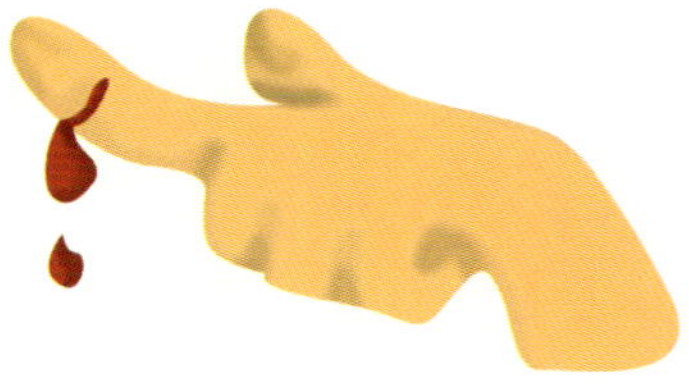

sânge

blue

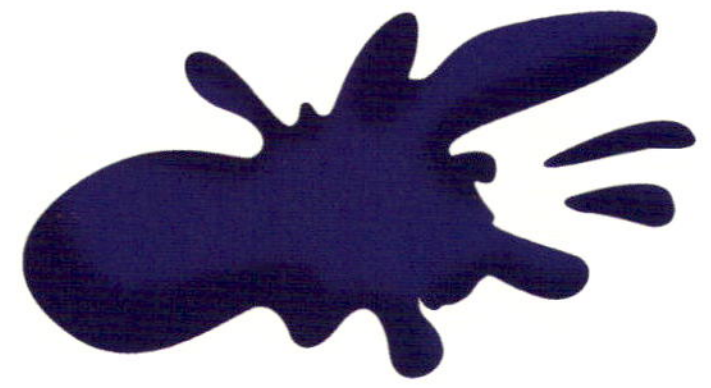

albastru

boat

barcă

body

corp

bone

os

book

carte

boot

cizmă

bottle

sticlă

bow

fundă

bowl

bol

box

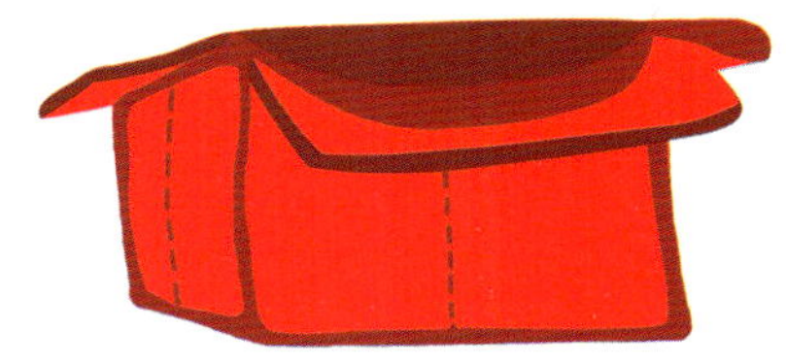

cutie

boy

băiat

bracelet

brățară

brain

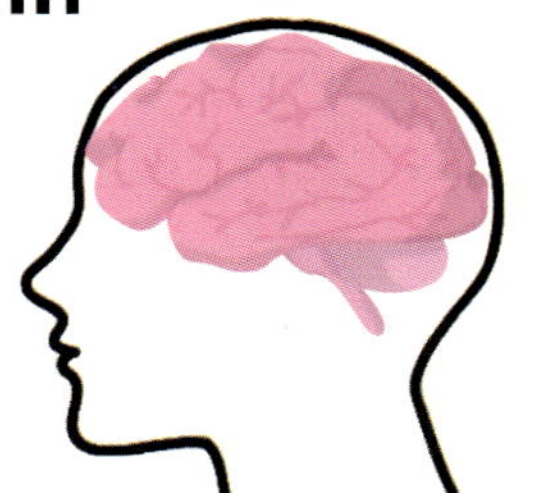

creier

branch

creangă

bread

pâine

breakfast

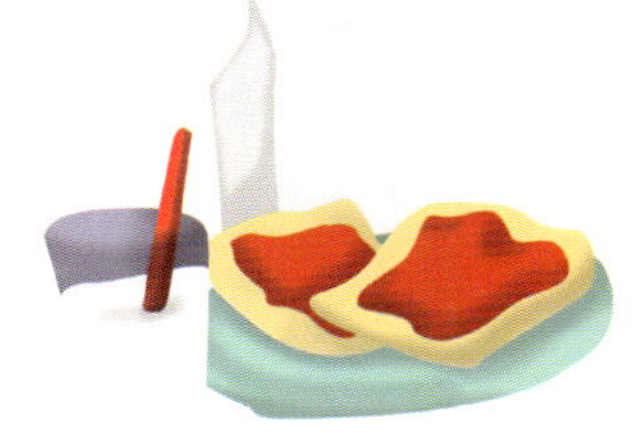

mic dejun

brick

cărămidă

a b c d e f g h i j k l m n o p q r s t u v w x y z

bride

mireasă

bridegroom

mire

bridge

pod

broom

mătură

brother

frate

brown

maro

brush

perie

bubble

bulă

bucket

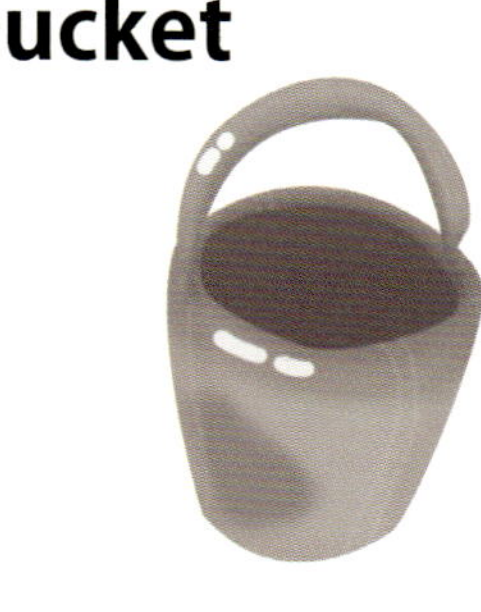

găleată

buffalo

bivol

building

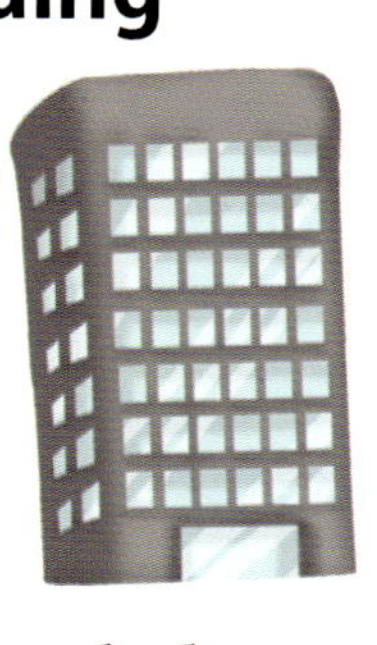

clădire

bulb

bec

bull

taur

bun

chiflă

bunch

buchet

bundle

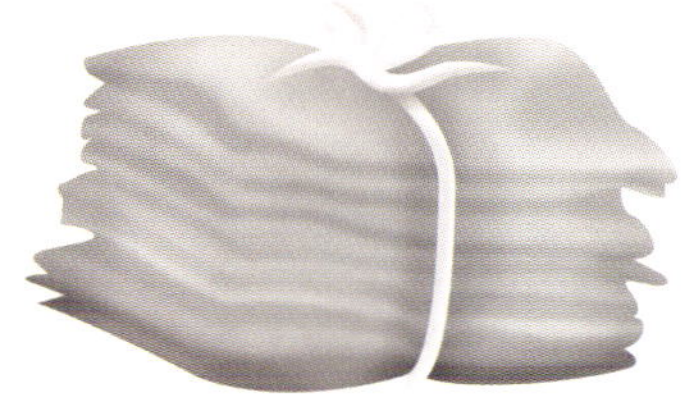

grămadă

bungalow

vilă

burger

burger

bus

autobuz

bush

tufiș

butcher

măcelar

butter

unt

butterfly

fluture

button

nasture

a b c d e f g h i j k l m n o p q r s t u v w x y z

a b c d e f g h i j k l m n o p q r s t u v w x y z

Cc

cabbage

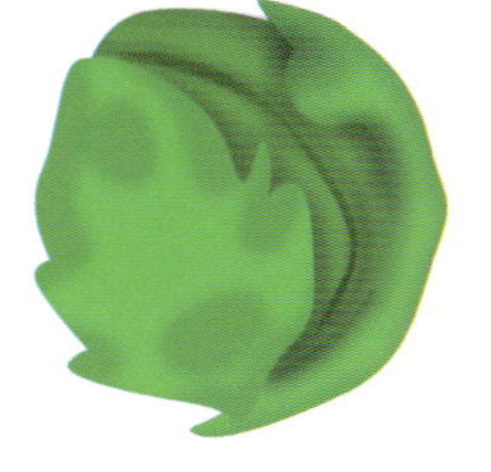

varză

cabinet

dulap

cable

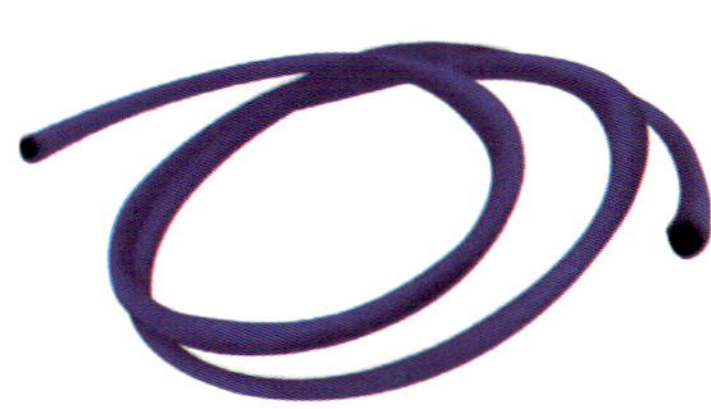

cablu

cable car

telecabină

cactus

cactus

cafe

cafenea

cage

cușcă

cake

tort

calculator

calculator

calendar

calendar

calf

vițel

camel

cămilă

camera

cameră

camp

tabără

can

doză

canal

canal

candle

lumânare

canoe

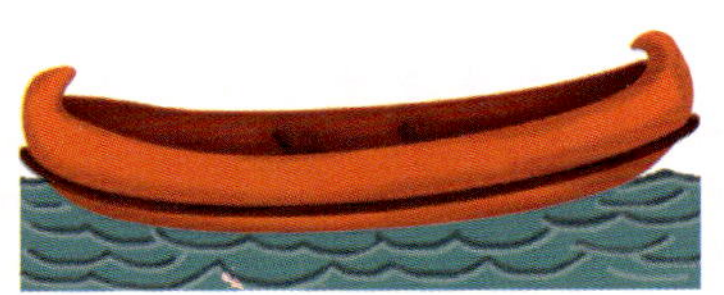

canoe

canteen

cantină

cap

șapcă

captain

căpitan

car

mașină

caravan

rulotă

a
b
c
d
e
f
g
h
i
j
k
l
m
n
o
p
q
r
s
t
u
v
w
x
y
z

card

felicitare

carnival

carnaval

carpenter

tâmplar

carpet

covor

carrot

morcov

cart

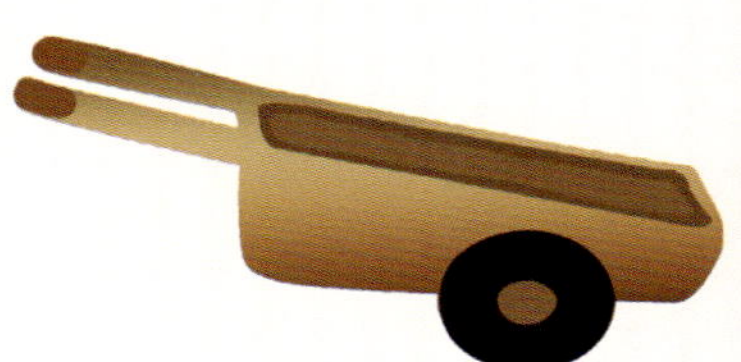

roabă

cartoon

desen animat

cascade

cascadă

castle

castel

cat

pisică

caterpillar

omidă

cauliflower

conopidă

cave

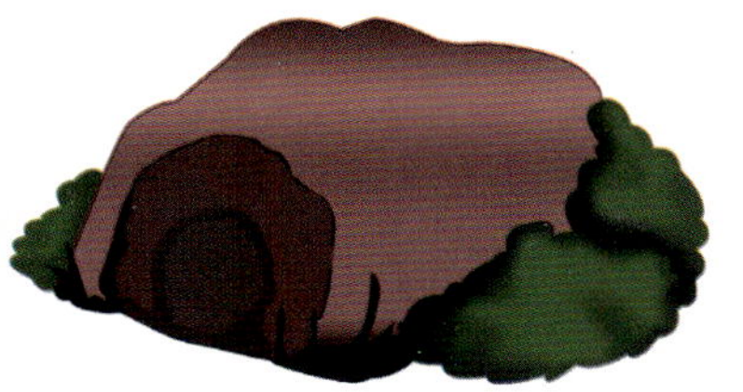

peşteră

ceiling

tavan

centipede

centiped

centre
US English **center**

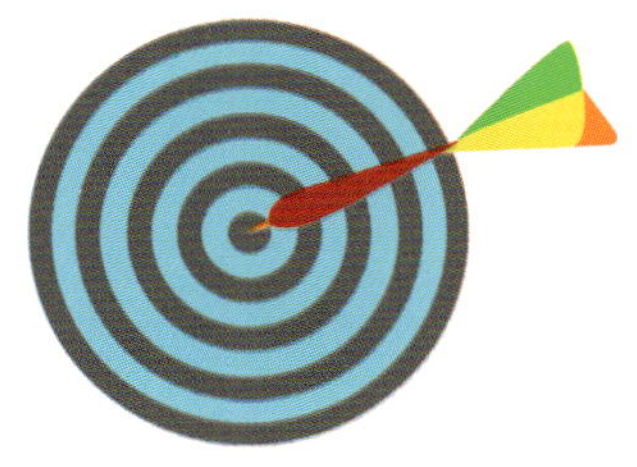

centru

cereal

cereale

chain

lanț

chair

scaun

chalk

cretă

cheek

obraz

cheese

brânză

chef

bucătar-șef

cherry

cireașă

a b c d e f g h i j k l m n o p q r s t u v w x y z

a b c d e f g h i j k l m n o p q r s t u v w x y z

chess

șah

chest

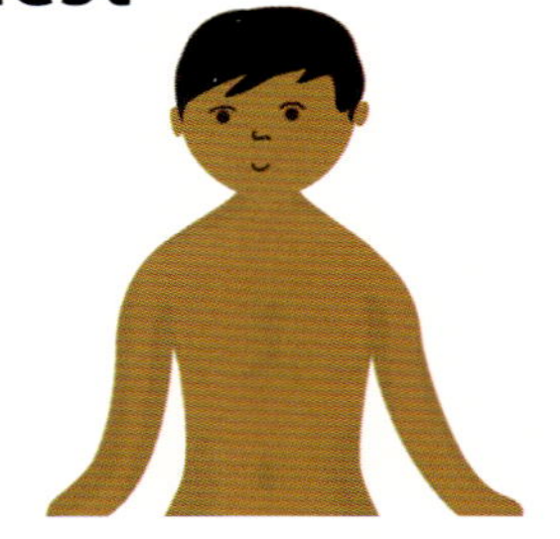

piept

chick

pui

chilli
US English **chili**

chili

chimney

șemineu

chin

bărbie

chocolate

ciocolată

christmas

crăciun

church

biserică

cinema

cinema

circle

cerc

circus

circ

city

oraș

classroom

sală de clasă

clinic

clinică

clock

ceas de perete

cloth

cârpă

cloud

nor

clown

clovn

coal

cărbune

coast

coastă

coat

haină

cobra

cobra

cockerel
US English **rooster**

cocoș

a b c d e f g h i j k l m n o p q r s t u v w x y z

cockroach

gândac

coconut

cocos

coffee

cafea

coin

monedă

colour
US English **color**

culoare

comb

pieptene

comet

cometă

compass

busolă

computer

computer

cone

con

container

recipient

cook

bucătar

cookie

prăjitură

cord

cordon

corn

porumb

cot

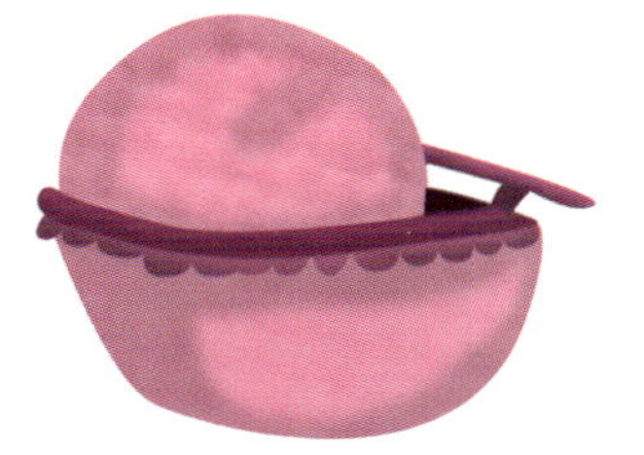

pat de copil

cottage

căsuță

cotton

bumbac

country

țară

couple

cuplu

court

tribunal

cow

vacă

crab

crab

crane

macara

a b c d e f g h i j k l m n o p q r s t u v w x y z

a
b
c
d
e
f
g
h
i
j
k
l
m
n
o
p
q
r
s
t
u
v
w
x
y
z

crayon

creion

crocodile

crocodil

cross

cruce

crow

cioară

crowd

mulțime

crown

coroană

cube

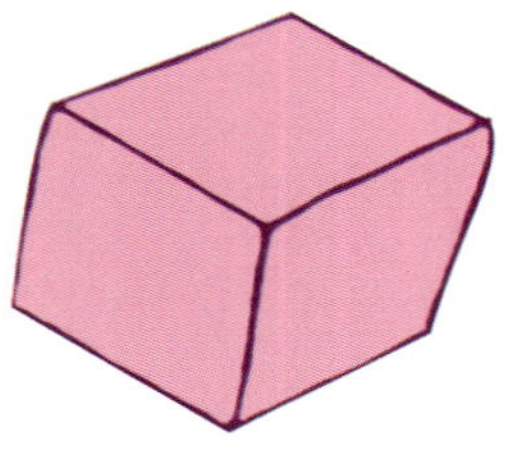

cub

cucumber

castravete

cup

cană

cupboard

dulap

curtain

draperie

cushion

pernă

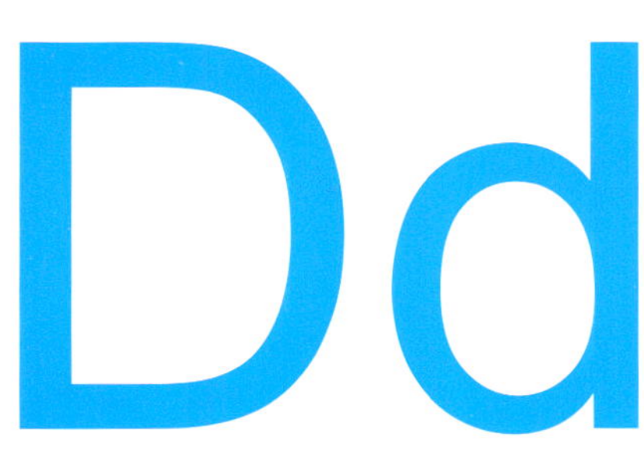

dam

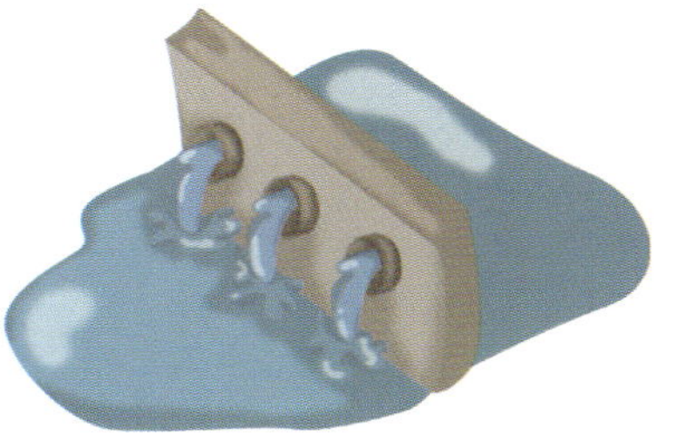

baraj

dancer

dansatoare

dart

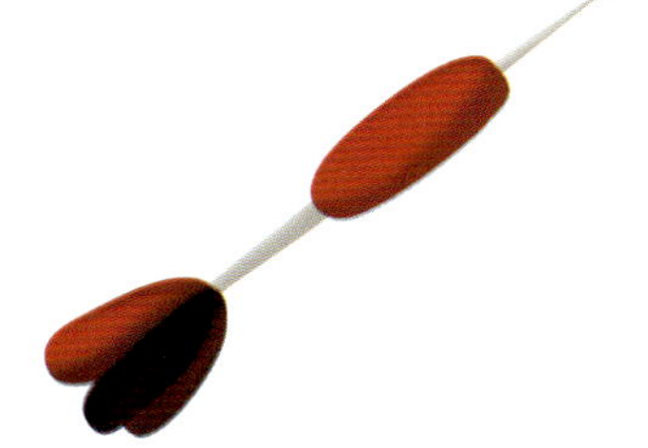

săgeată

data

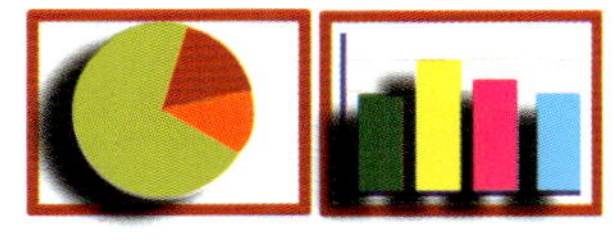

date

dates

curmală

daughter

fiică

day

zi

deck

pachet de cărți

deer

căprioară

den

vizuină

dentist

dentist

a b c d e f g h i j k l m n o p q r s t u v w x y z

desert

deşert

design

model

desk

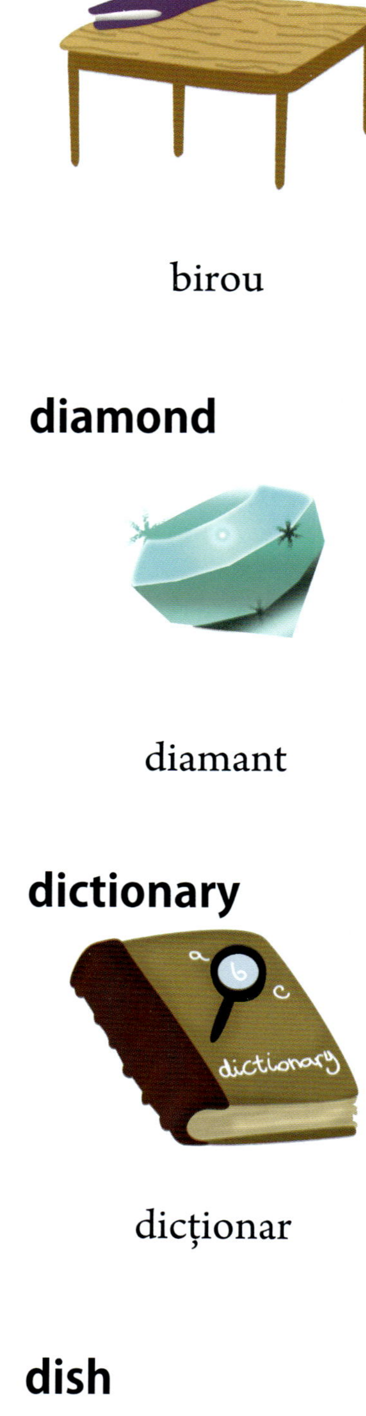

birou

dessert

desert

detective

detectiv

diamond

diamant

diary

jurnal

dice

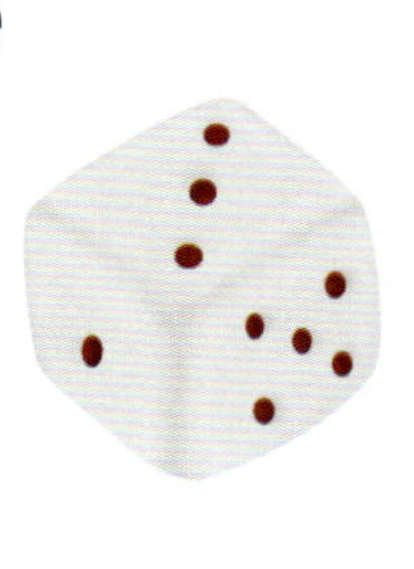

zar

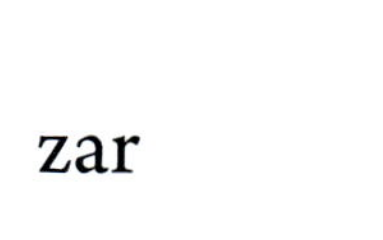

dictionary

dicționar

dinosaur

dinozaur

disc

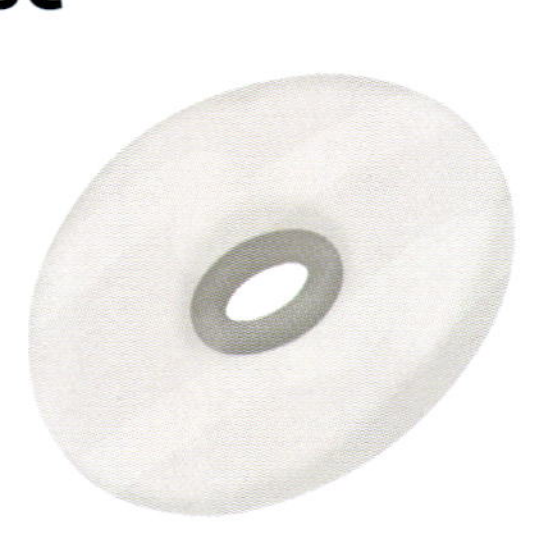

disc

dish

vas

diver

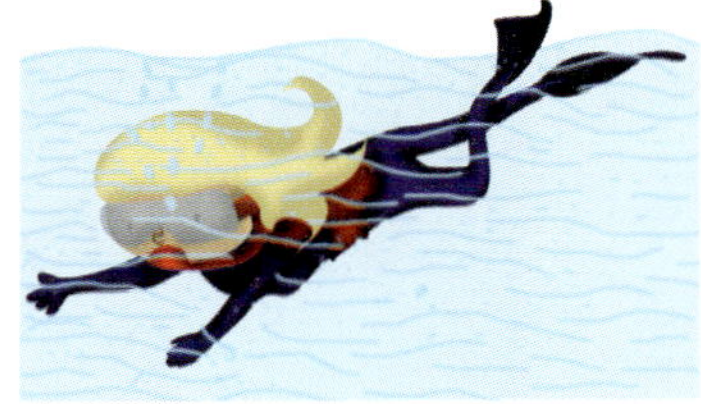

scufundător

dock

doc

doctor

doctor

dog

câine

doll

păpușă

dolphin

delfin

dome

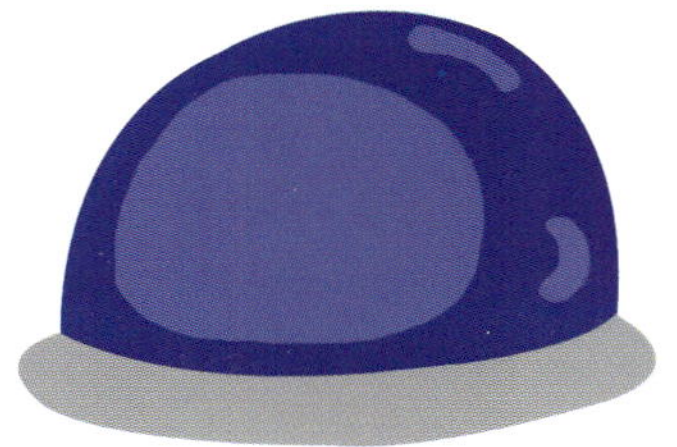

dom

domino

domino

donkey

măgar

donut

gogoașă

door

ușă

dough

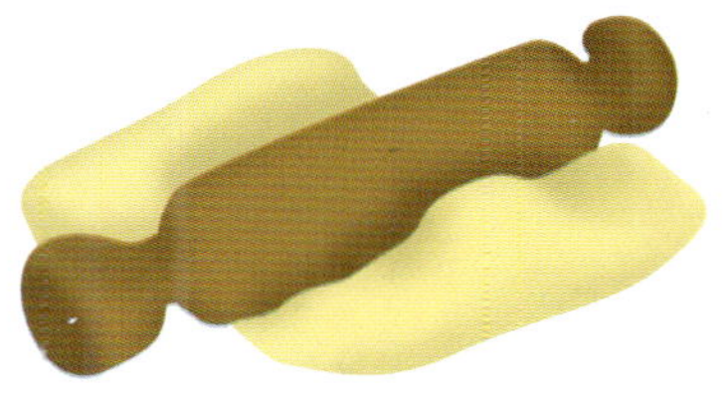

aluat

a b c d e f g h i j k l m n o p q r s t u v w x y z

dragon

dragon

drain

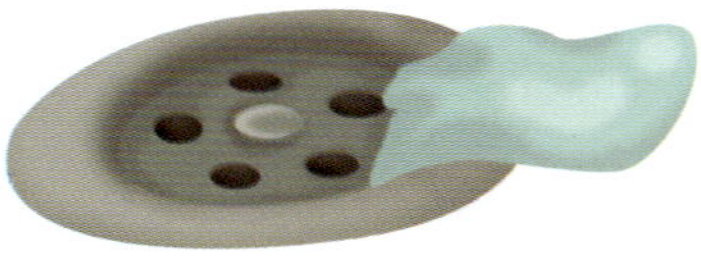

drenaj

drawer

sertar

drawing

desen

dream

vis

dress

rochie

drink

băutură

driver

șofer

drop

picătură

drought

secetă

drum

tobă

duck

rață

dustbin
US English **trash can**

coş de gunoi

duvet

plapumă

dwarf

pitic

Ee

eagle

vultur

ear

ureche

earring

cercel

earth

pământ

earthquake

cutremur

earthworm

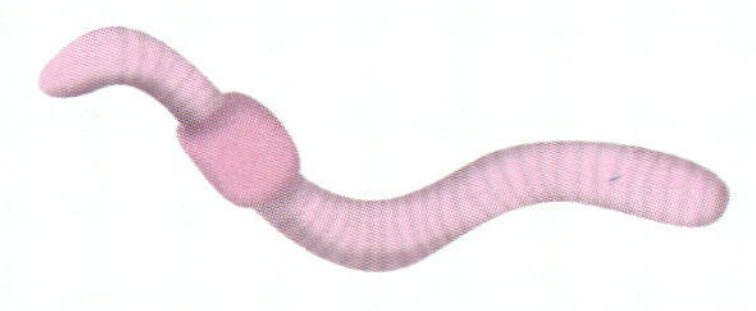

râmă

eclipse

eclipsă

edge

margine

a b c d e f g h i j k l m n o p q r s t u v w x y z

eel
țipar

egg
ou

eight
opt

elastic
elastic

elbow
cot

electrician
electrician

electricity
electricitate

elephant
elefant

elevator
lift

elf
elf

email
email

embroidery
broderie

engine

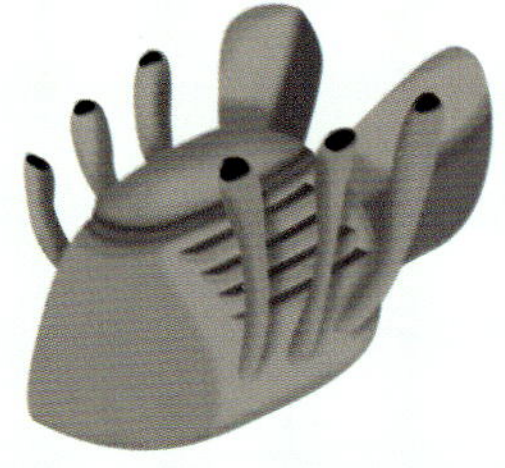

motor

entrance

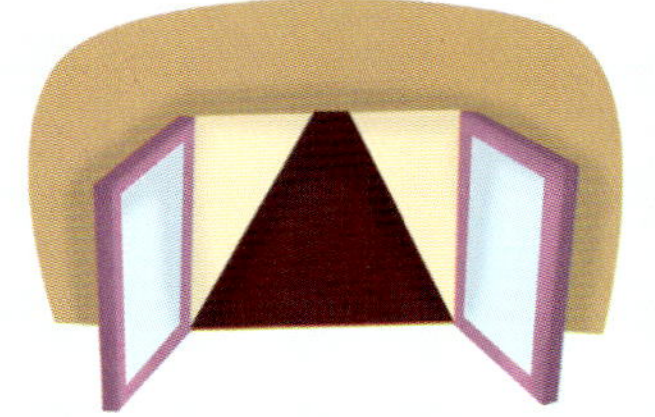

intrare

envelope

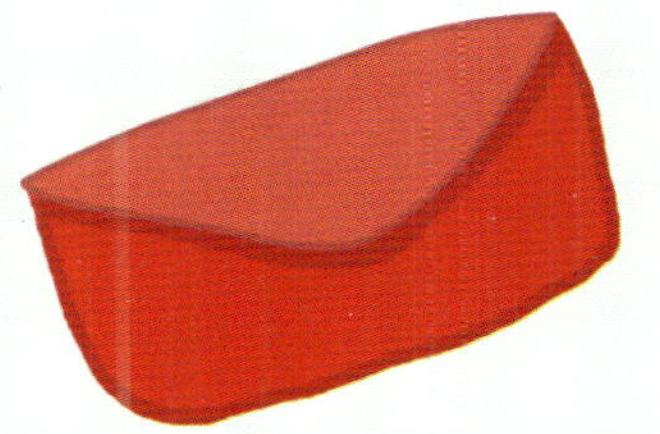

plic

equator

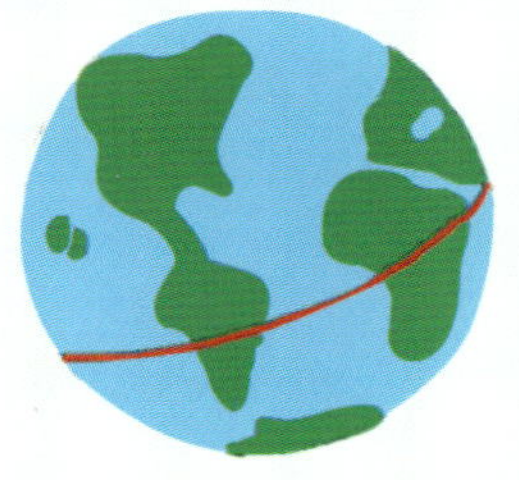

ecuator

equipment

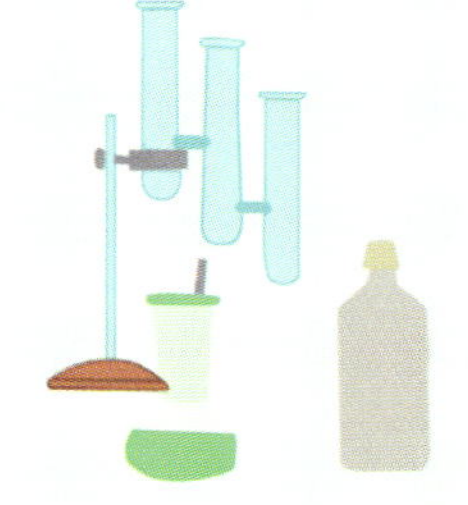

echipament

eraser

radieră

escalator

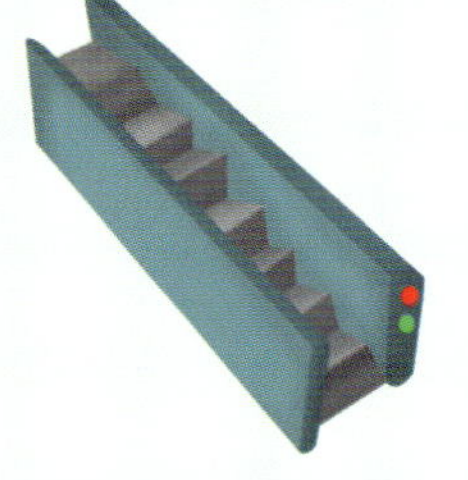

scară rulantă

eskimo

eschimoș

evening

seară

exhibition

expoziție

eye

ochi

eyebrow

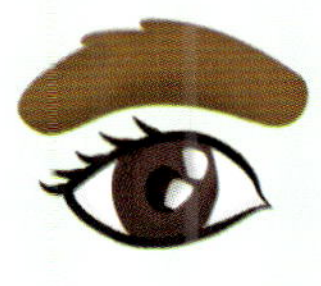

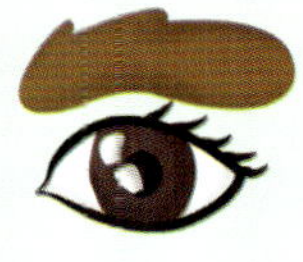

sprânceană

a b c d e f g h i j k l m n o p q r s t u v w x y z

fabric

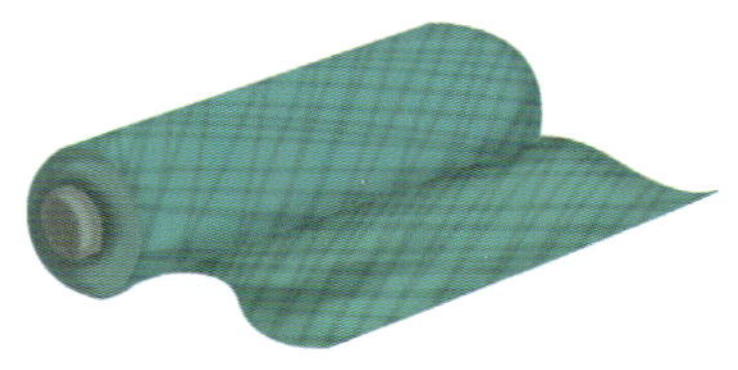

material

face

față

factory

fabrică

fairy

zână

family

familie

fan

evantai

farm

fermă

farmer

fermier

fat

gras

father

tată

feather

pană

female

femelă

fence

gard

ferry

bac

field

câmp

fig

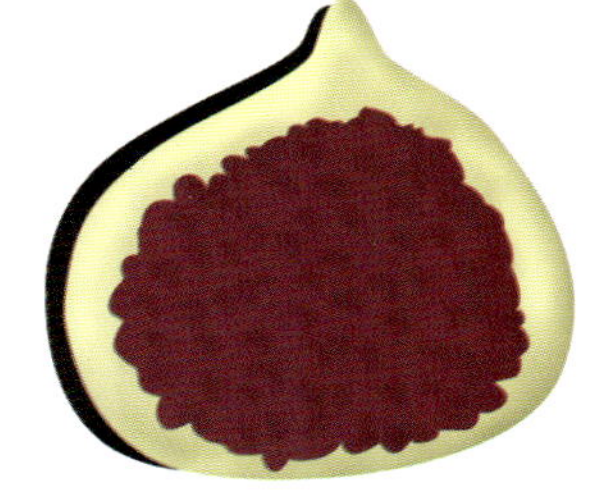

smochină

file

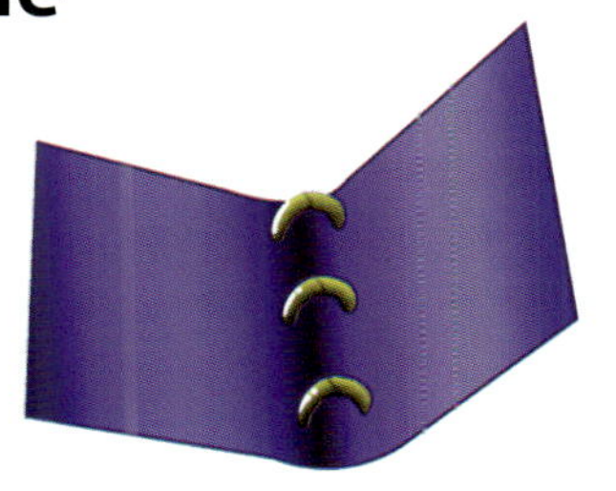

dosar

film

film

finger

deget

fire

foc

fire engine

mașină de pompieri

fire fighter

pompier

fireworks

artificii

a b c d e f g h i j k l m n o p q r s t u v w x y z

fish

peşte

fist

pumn

five

cinci

flag

steag

flame

flacără

flamingo

flamingo

flask

termos

flock

turmă

flood

inundație

floor

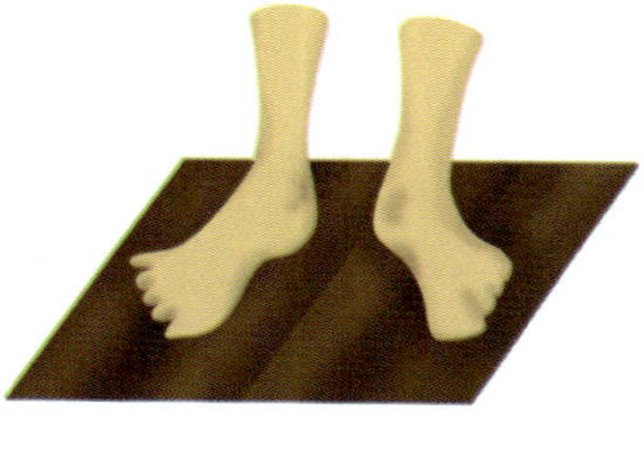

podea

florist

florar

flour

făină

flower
floare

flute
flaut

fly
muscă

foam
spumă

fog
ceață

foil
folie

food
mâncare

foot
picior

football
US English **soccer**
fotbal

forearm
antebraț

forehead
frunte

forest
pădure

fork

furculiță

fortress

fortăreață

fountain

fântână

four

patru

fox

vulpe

frame

ramă

freezer

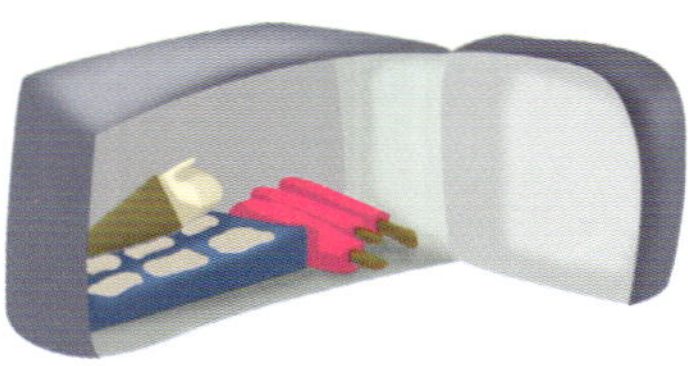

congelator

fridge
US English **refrigerator**

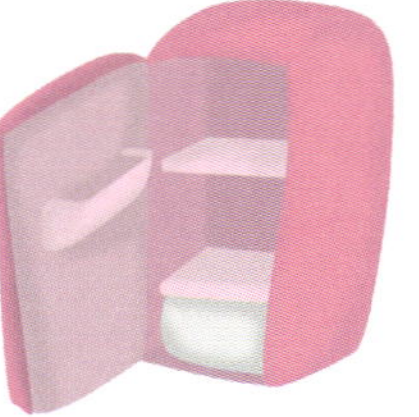

frigider

friend

prieten

frog

broască

fruit

fruct

fumes

aburi

funnel

pâlnie

furnace

furnal

furniture

mobilă

Gg

gadget

gadget

gallery

galerie

game

joc

gap

lacună

garage

garaj

garbage

gunoi

garden

grădină

garland

ghirlandă

garlic

usturoi

gas

gaz

gate

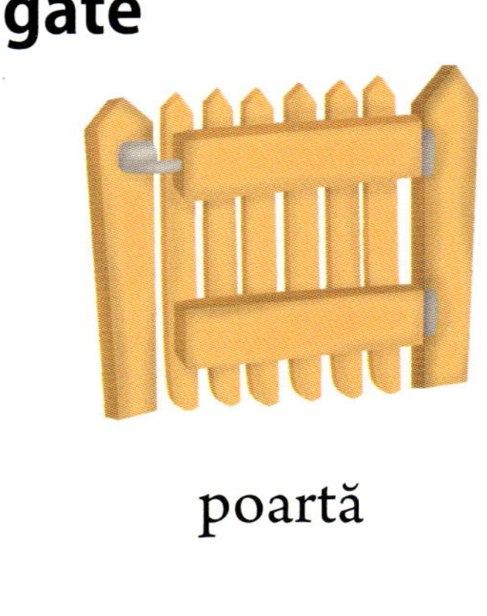

poartă

gem

piatră prețioasă

generator

generator

germ

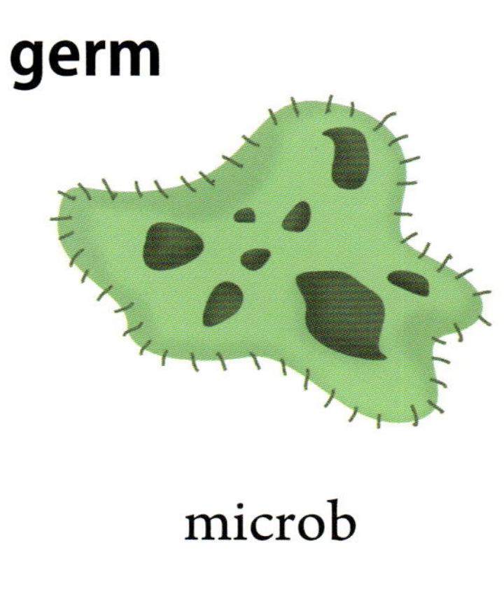

microb

geyser

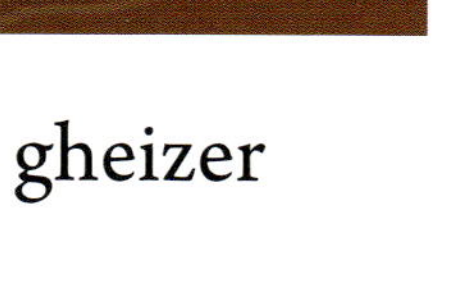

gheizer

ghost

fantomă

giant

gigant

gift

cadou

ginger

ghimbir

giraffe

girafă

a b c d e f g h i j k l m n o p q r s t u v w x y z

gorilla

gorilă

grain

grâne

grandfather

bunic

grandmother

bunică

grape

strugure

grapefruit

grepfrut

grass

iarbă

grasshopper

cosaș

gravel

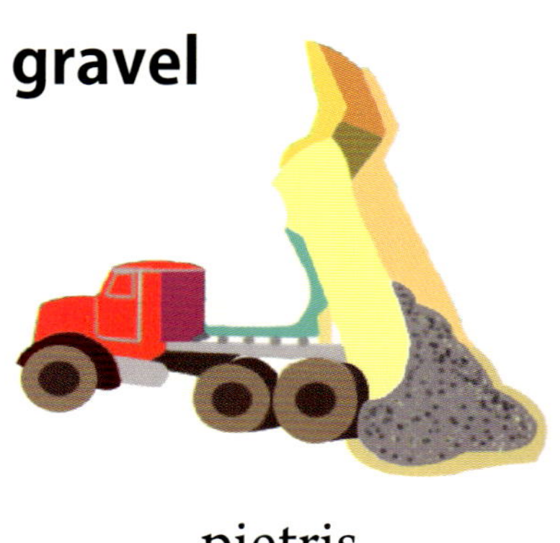

pietriș

green

verde

grey

gri

grill

grătar

grocery

produse alimentare

ground

teren

guard

paznic

guava

guava

guide

ghid

guitar

chitară

gulf

golf

gun

armă

gypsy

țigan

Hh

hair

păr

hairbrush

perie de păr

a b c d e f g h i j k l m n o p q r s t u v w x y z

hairdresser

frizer

half

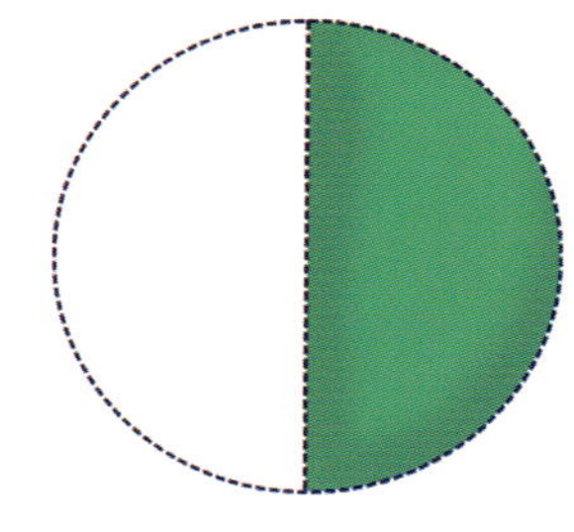

jumătate

hall

sală

ham

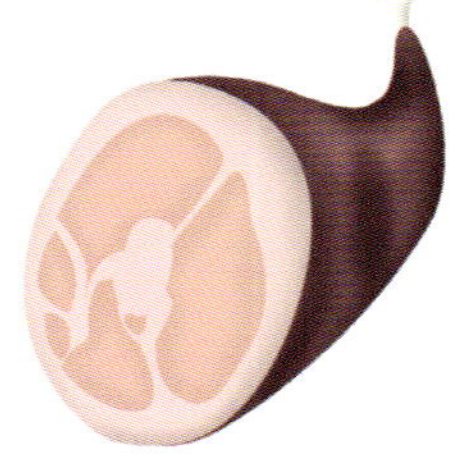

șuncă

hammer

ciocan

hammock

hamac

hand

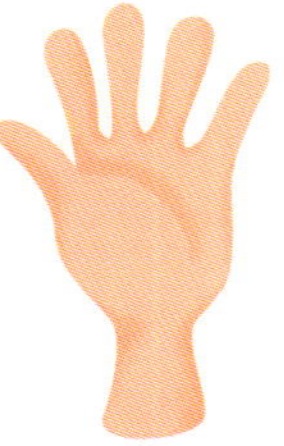

mână

handbag

geantă de mână

handicraft

artizanat

handkerchief

batistă

handle

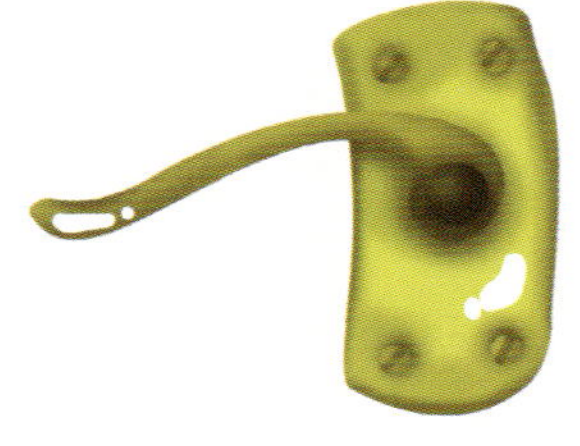

mâner

hanger

umeraș

harbour
US English **harbor**

port

hare

iepure sălbatic

harvest

recoltă

hat

pălărie

hawk

șoim

hay

fân

head

cap

headphone

cască

heap

morman

heart

inimă

heater

radiator

hedge

gard viu

heel

toc

helicopter

elicopter

helmet

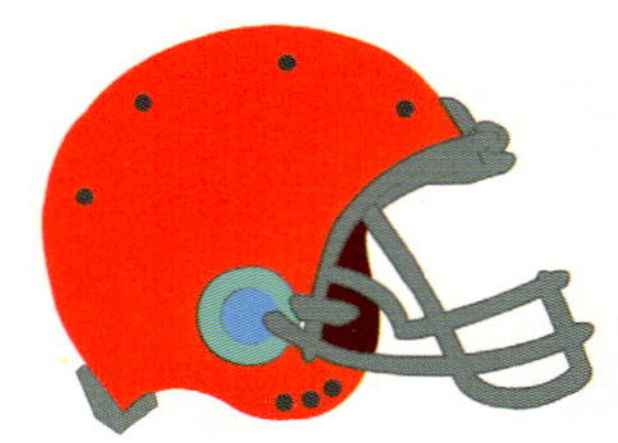

cască

hen

găină

herb

plantă ierboasă

herd

cireadă

hermit

pustnic

hill

deal

hippopotamus

hipopotam

hive

stup

hole

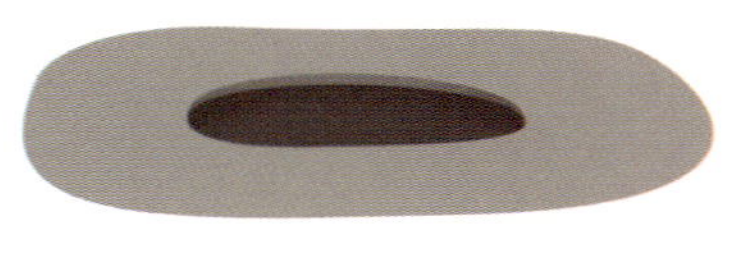

gaură

honey

miere

hood

glugă

hook

cârlig

horn

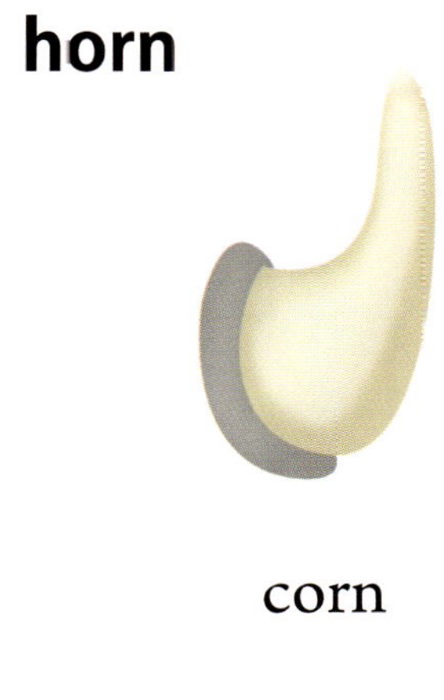

corn

horse

cal

hose

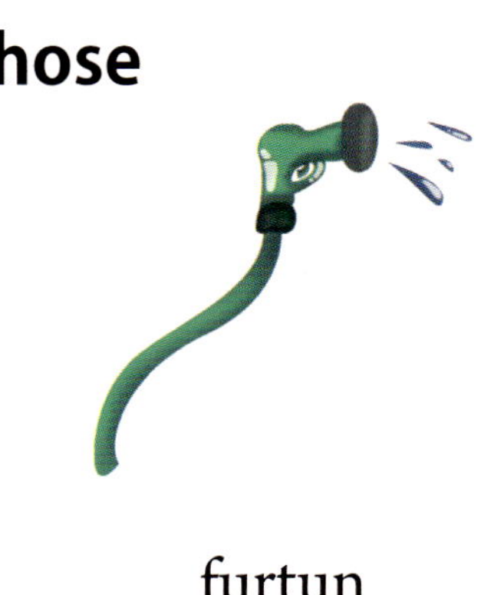

furtun

hospital

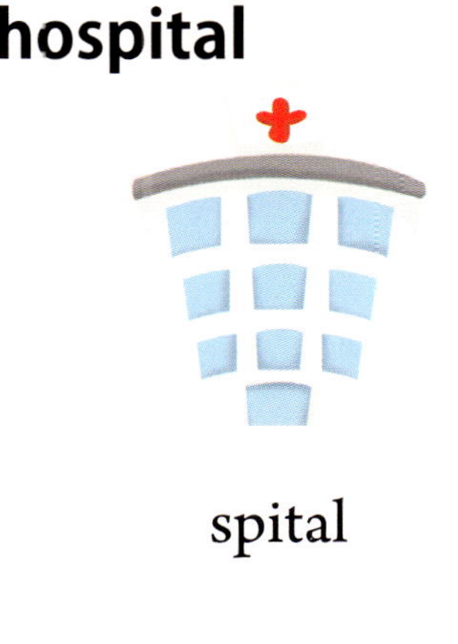

spital

hotdog

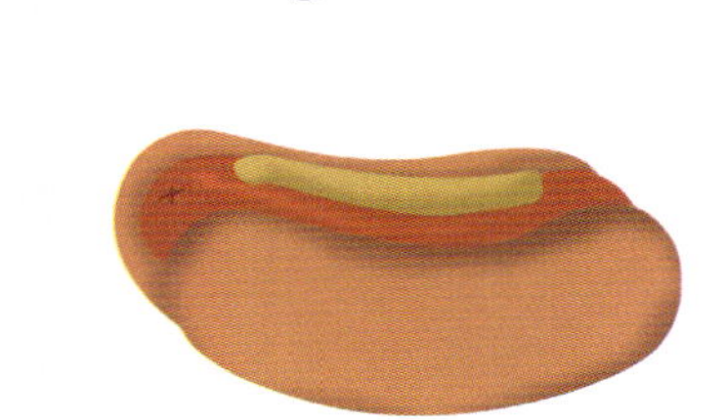

hotdog

hotel

hotel

hour

oră

house

casă

human

om

hunter

vânător

hurricane

uragan

husband

soț

hut

colibă

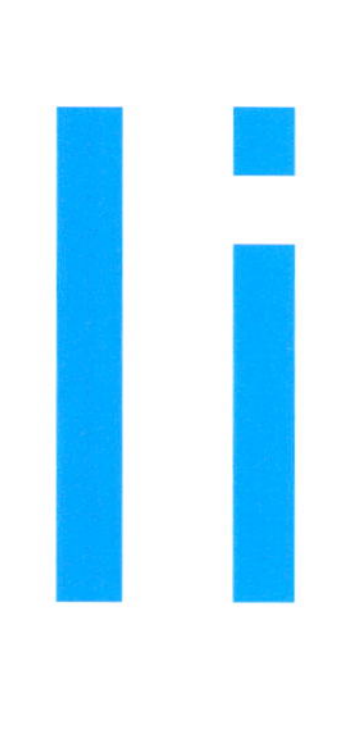

ice

gheață

iceberg

aisberg

ice cream

înghețată

idol

idol

igloo

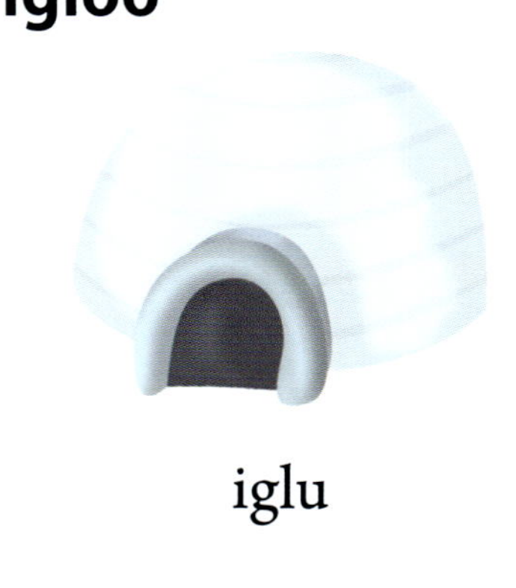

iglu

inch

țol

injection

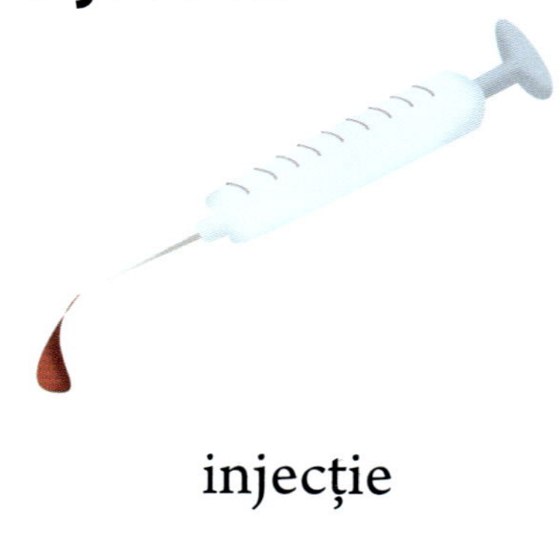

injecție

injury

leziune

ink

cerneală

inn

han

insect

insectă

inspector

inspector

instrument

instrument

internet

internet

intestine

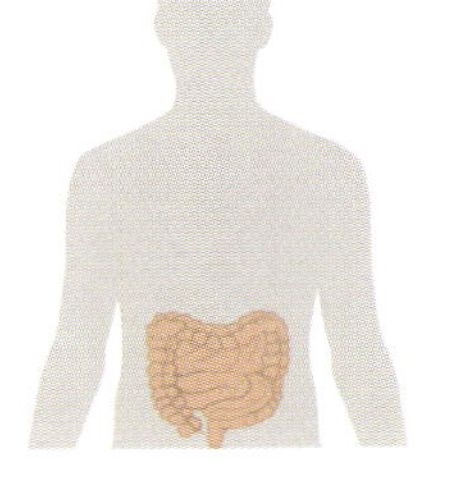

intestin

inventor

inventator

invitation

invitație

iron

fier de călcat

island

insulă

ivory

fildeș

a b c d e f g h i j k l m n o p q r s t u v w x y z

jackal

şacal

jacket

jachetă

jackfruit

jackfruit

jam

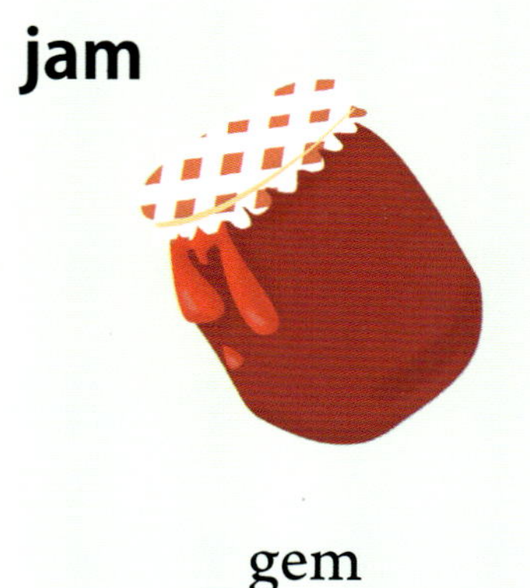

gem

jar

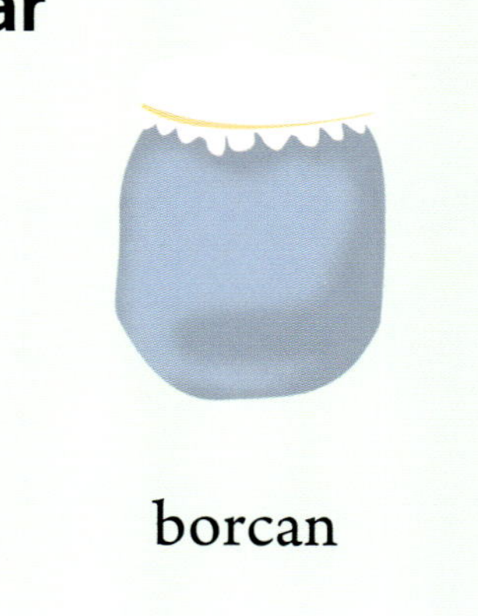

borcan

javelin

javelină

jaw

falcă

jeans

blugi

jelly

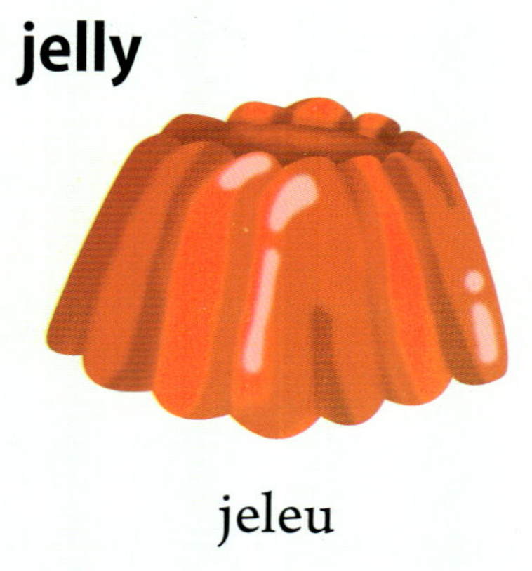

jeleu

jetty

dig

jewellery
US English **jewelry**

bijuterie

jigsaw

puzzle

jockey

jocheu

joker

jocher

journey

călătorie

jug

urcior

juggler

jongler

juice

suc

jungle

junglă

jute

iută

Kk

kangaroo

cangur

kennel

coteț

kerb
US English **curb**

curbă

kerosene

cherosen

ketchup

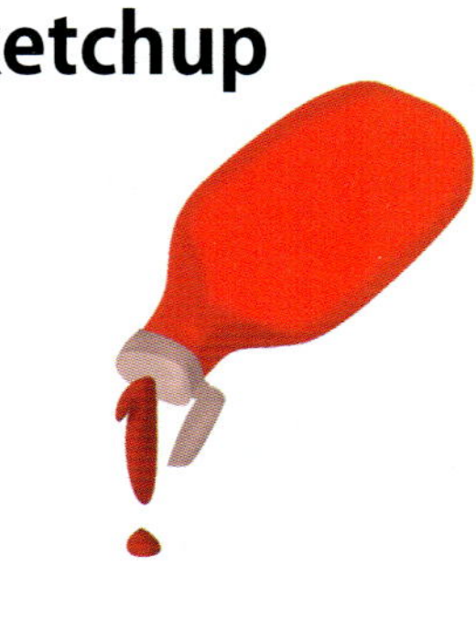

ketchup

kettle

ceainic

key

cheie

keyboard

tastatură

key ring

breloc

kidney

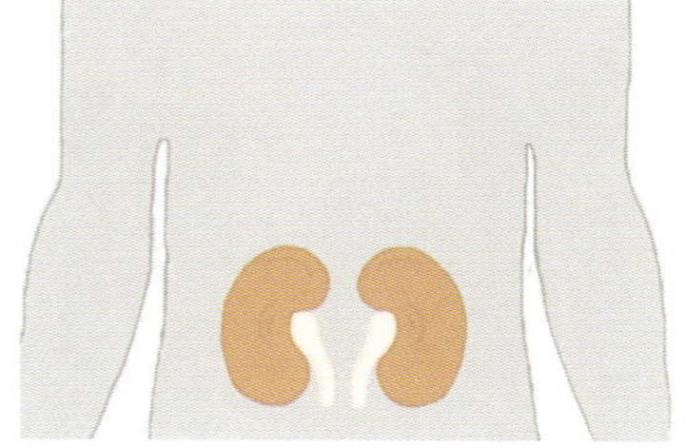

rinichi

kilogram

kilogram

king

rege

kiosk

chioșc

kiss

sărut

kitchen

bucătărie

kite

zmeu

kitten

pui de pisică

kiwi

kiwi

knee

genunchi

knife

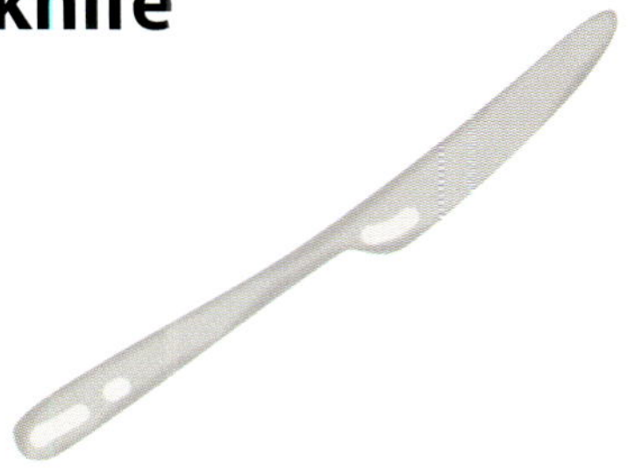

cuțit

knight

cavaler

knitwear

tricotaj

knob

mâner

knock

ciocănitură

knot

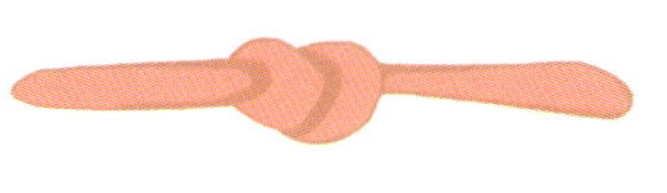

nod

knuckle

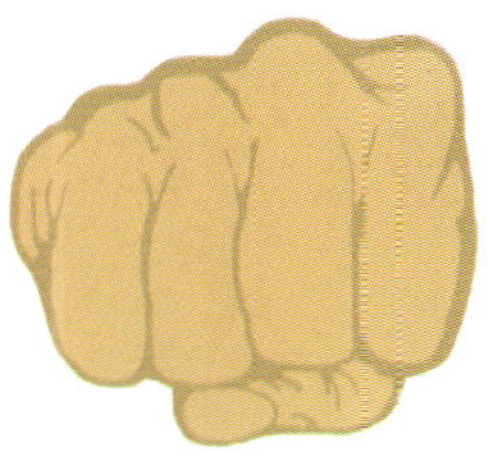

încheietura degetelor

a b c d e f g h i j k l m n o p q r s t u v w x y z

Ll

label

etichetă

laboratory

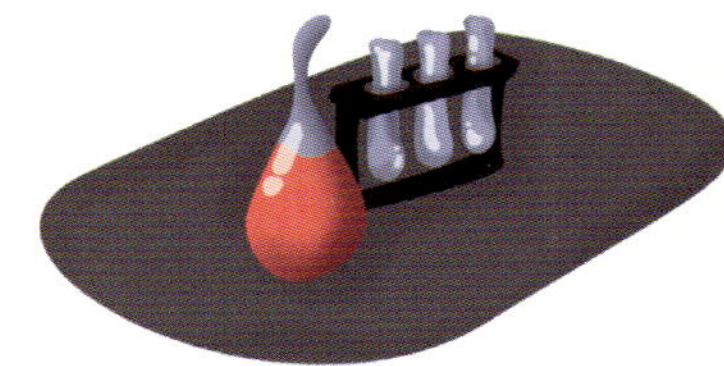

laborator

lace

șiret

ladder

scară

lady

doamnă

ladybird
US English **ladybug**

buburuză

lagoon

lagună

lake

lac

lamb

miel

lamp

veioză

lamp post

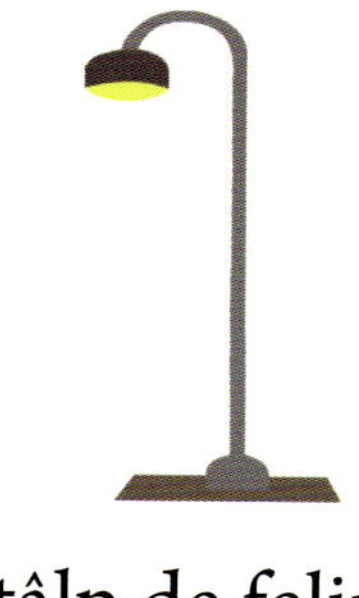

stâlp de felinar

land

pământ

lane

bandă

lantern

felinar

laser

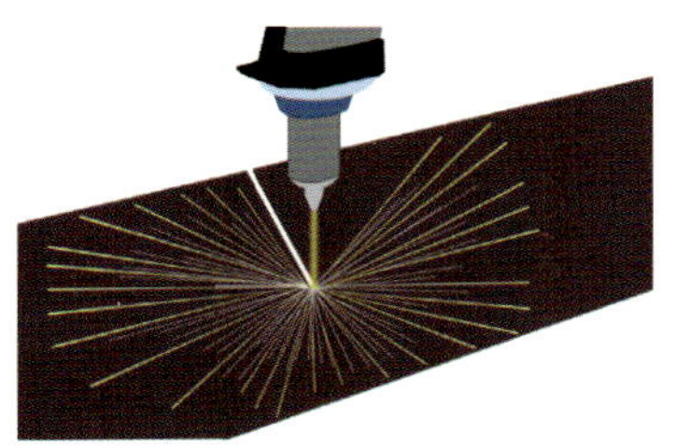

laser

lasso

lasou

latch

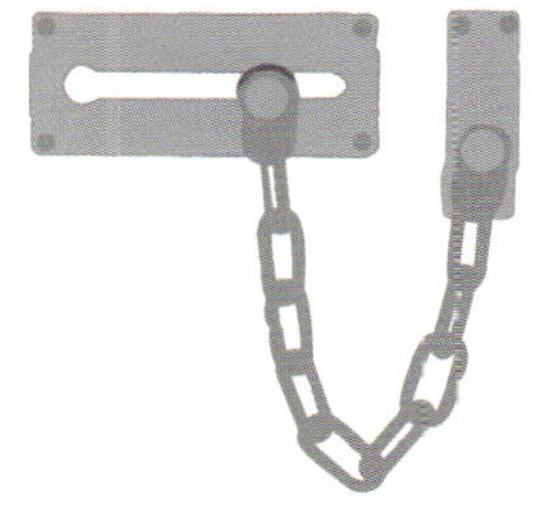

zăvor

laundry

rufe

lawn

peluză

lawyer

avocat

layer

strat

leaf

frunză

leather

piele

leg

picior

lemon

lămâie

lemonade

limonadă

lens

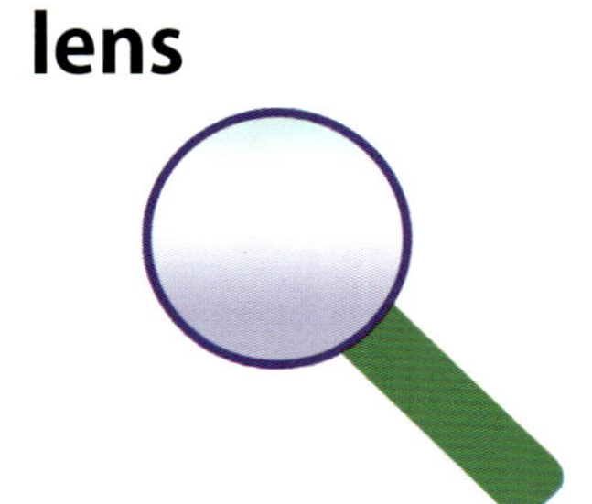

lentilă

leopard

leopard

letter

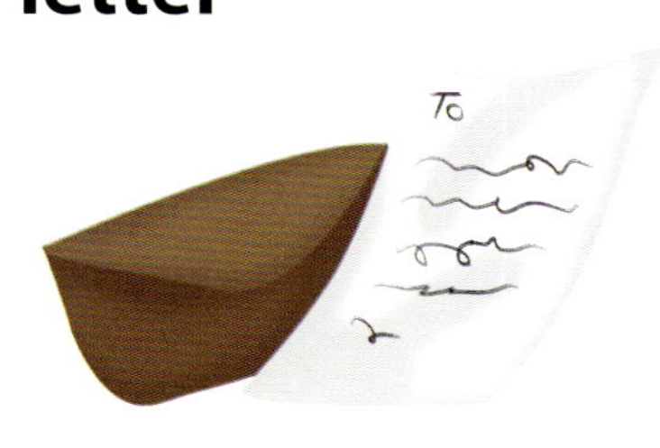

scrisoare

letterbox

US English **mailbox**

cutie poştală

lettuce

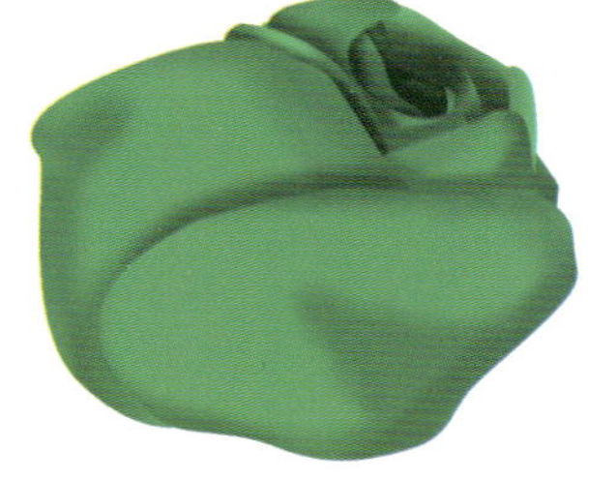

salată verde

library

bibliotecă

licence

permis

lid

capac

light

lumină

lighthouse

far

limb

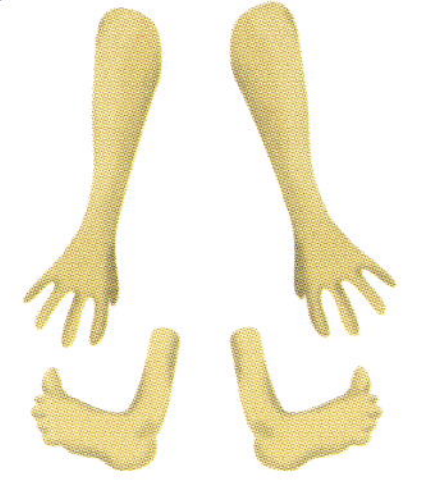

membru

line

linie

lion

leu

lip

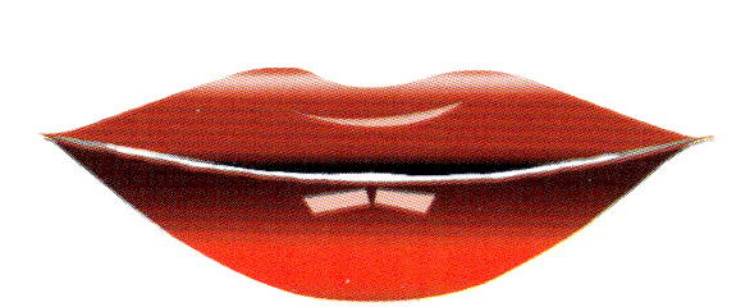

buză

lipstick

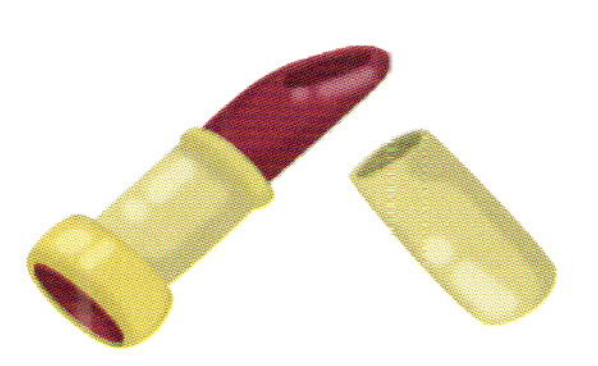

ruj

liquid

lichid

list

listă

litre
US English **liter**

litru

living room

camera de zi

lizard

şopârlă

load

încărcătură

a b c d e f g h i j k l m n o p q r s t u v w x y z

loaf

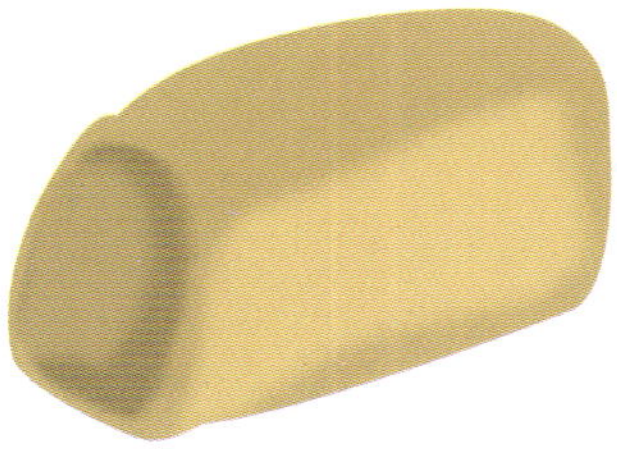

franzelă

lobster

homar

lock

lacăt

loft

pod

log

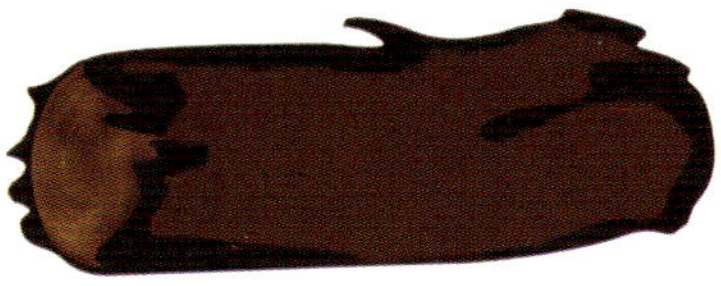

buștean

loop

buclă

lorry
US English **truck**

lotus

louse

camion

lotus

păduche

luggage

lunch

lung

bagaj

prânz

plămân

Mm

machine

mașinărie

magazine

revistă

magician

magician

magnet

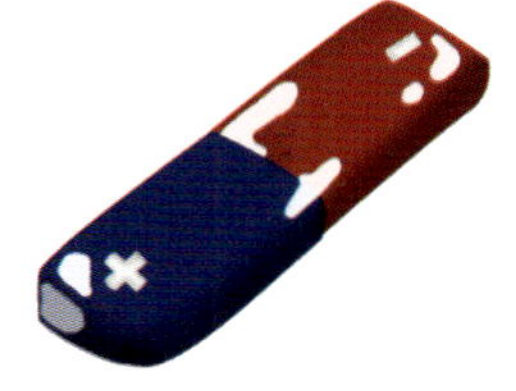

magnet

magpie

coțofană

mail

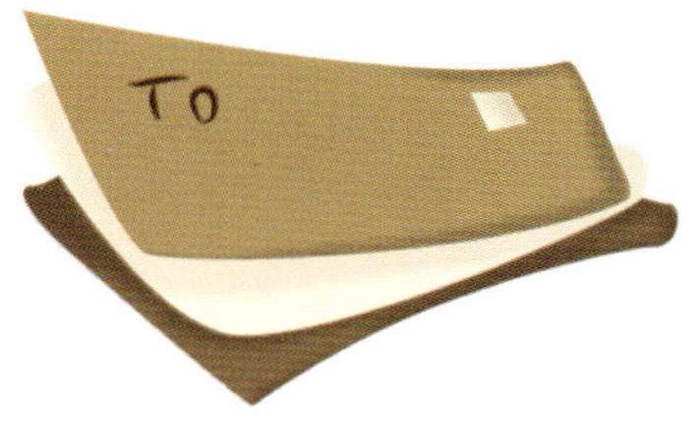

corespondență

mammal

mamifer

man

bărbat

mandolin

mandolină

mango

mango

map

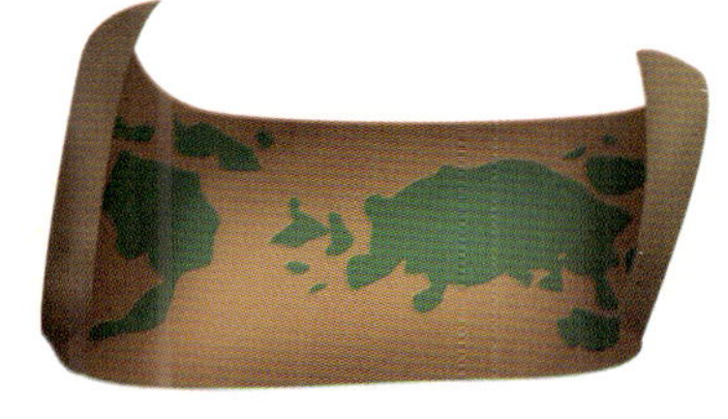

hartă

maple

arțar

marble

marmură

market

piață

mask

mască

mast

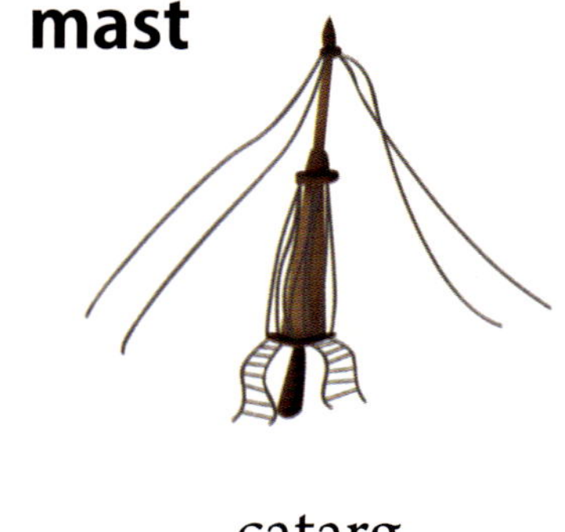

catarg

mat

covoraș

matchbox

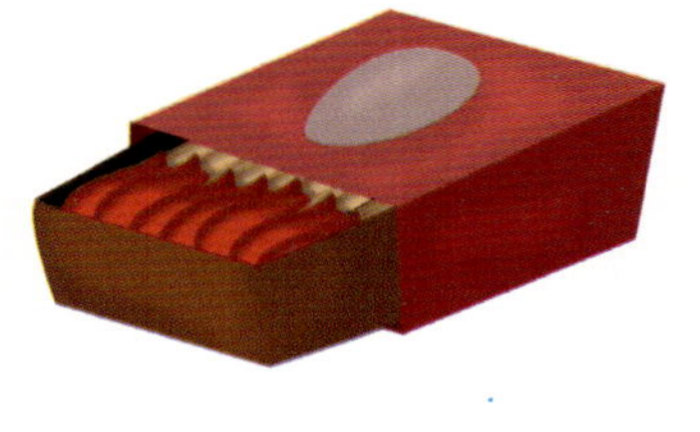

cutie de chibrituri

mattress

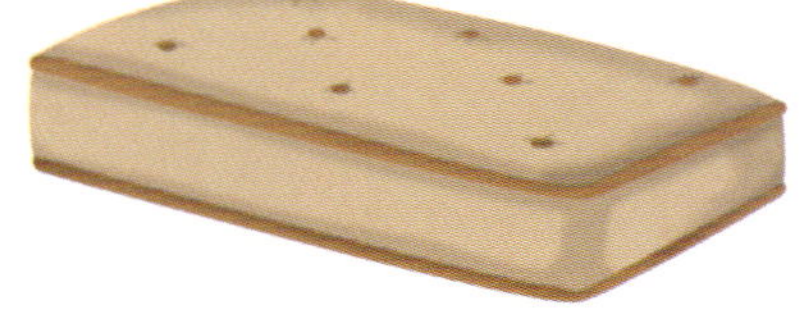

saltea

meal

masă

meat

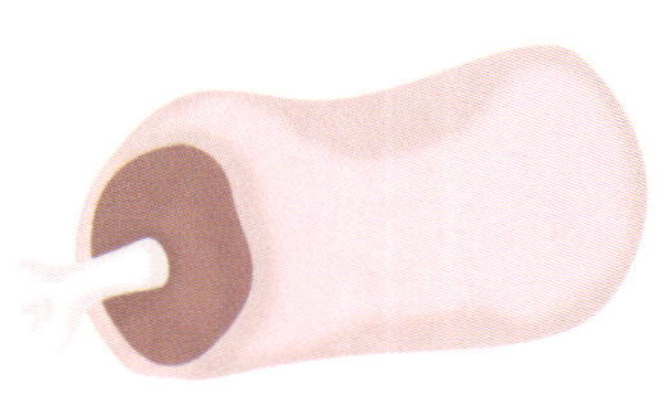

carne

mechanic

mecanic

medicine

medicament

melon

pepene

merchant

comerciant

mermaid

sirenă

metal

metal

metre

US English **meter**

metru

microphone

microfon

microwave

microunde

mile

milă

milk

lapte

miner

miner

mineral

mineral

mint

mentă

a b c d e f g h i j k l **m** n o p q r s t u v w x y z

minute

minut

mirror

oglindă

mobile phone

telefon mobil

model

model

mole

cârtiță

money

bani

monk

călugăr

monkey

maimuță

monster

monstru

month

lună

monument

monument

moon

luna

mop

mop

morning

dimineață

mosquito

țânțar

moth

molie

mother

mamă

motorcycle

motocicletă

motorway

autostradă

mountain

munte

mouse

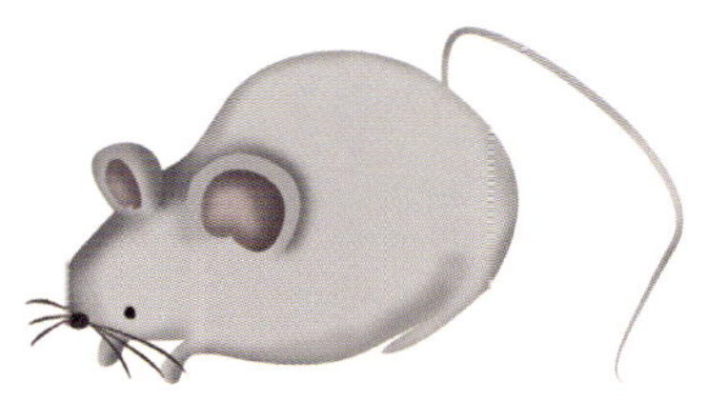

șoarece

mousetrap

capcană pentru șoareci

moustache

mustață

mouth

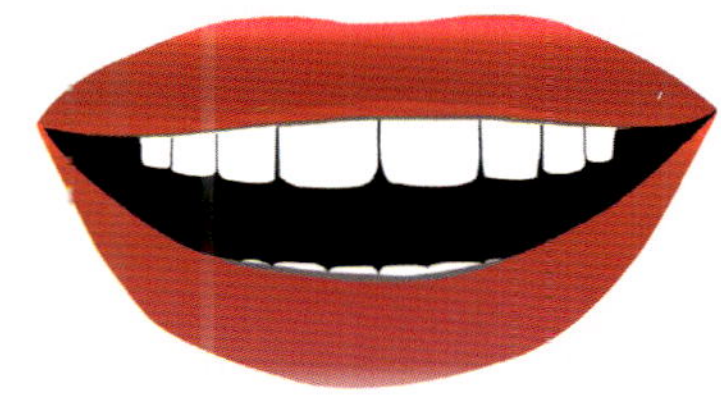

gură

a b c d e f g h i j k l m n o p q r s t u v w x y z

mud

noroi

muffin

brioşă

mug

halbă

mule

catâr

muscle

muşchi

museum

muzeu

mushroom

ciupercă

music

muzică

musician

muzician

Nn

nail

cui

napkin

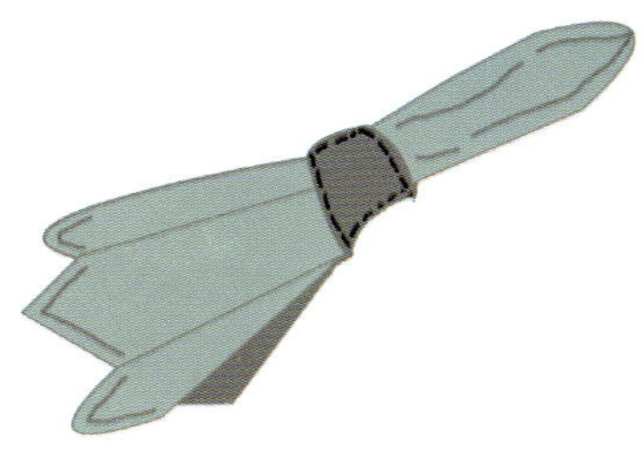

şervețel

nappy
US English **diaper**

scutec

nature

natură

neck

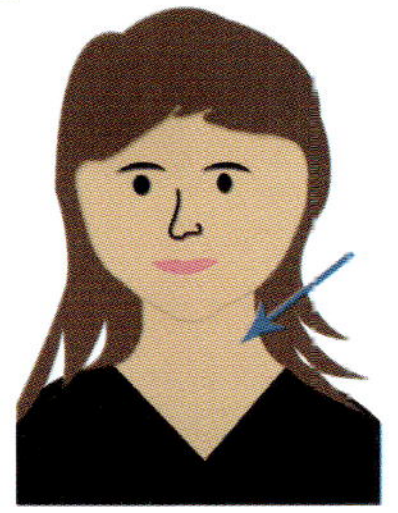

gât

necklace

colier

necktie

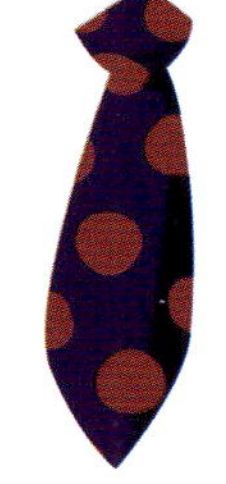

cravată

needle

ac

neighbour
US English **neighbor**

vecin

nest

cuib

net

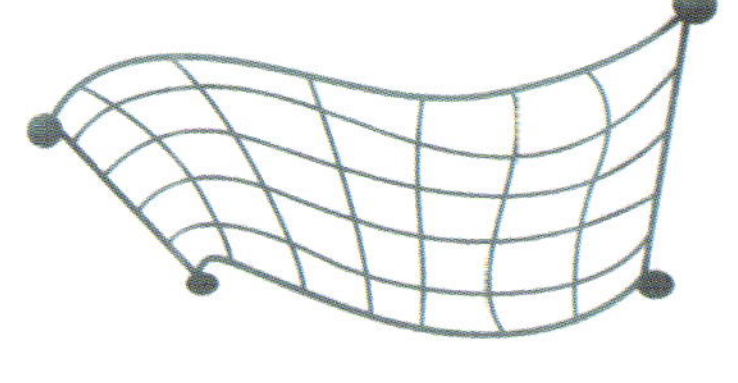

plasă

newspaper

ziar

night

noapte

nine

nouă

noodles

tăiţei

noon

amiază

north

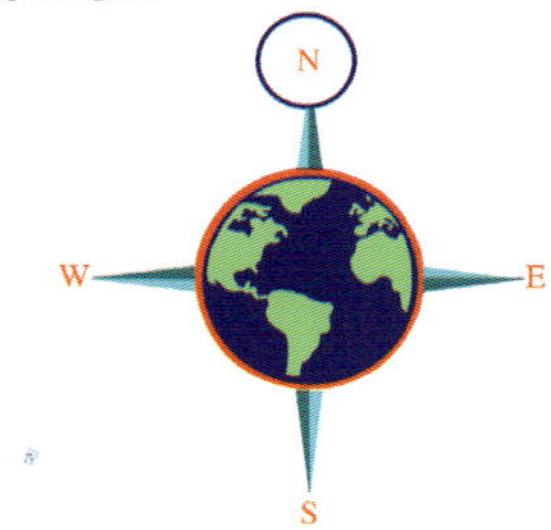

nord

nose

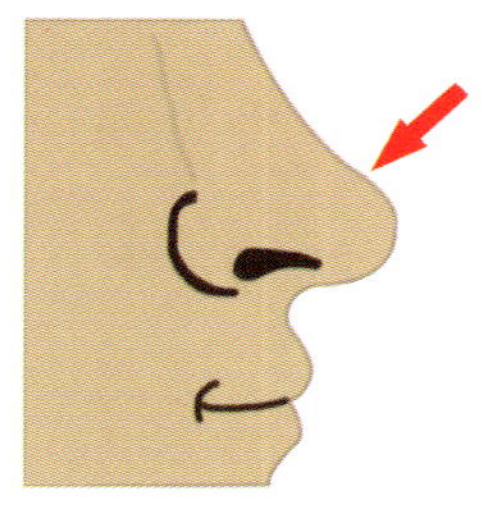

nas

note

notiţă

notebook

caiet

notice

aviz

number

0 1 2 3

număr

nun

călugăriţă

nurse

infirmieră

nursery

creşă

nut

nucă

vâslă

observatory

observator

ocean

ocean

octopus

caracatiță

office

birou

oil

petrol

olive

măslină

omelette

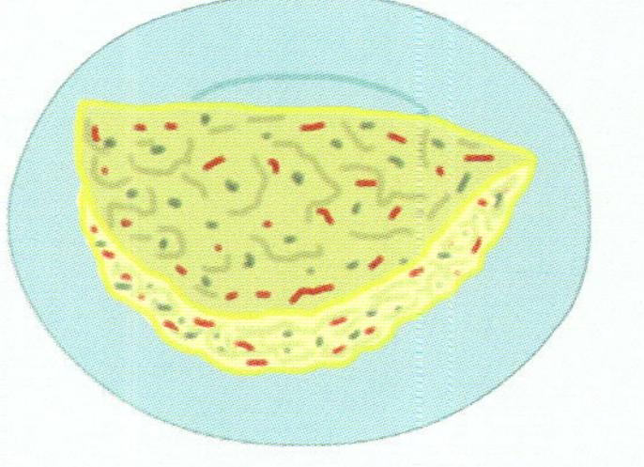

omletă

one

unu

onion

ceapă

orange

portocală

orbit

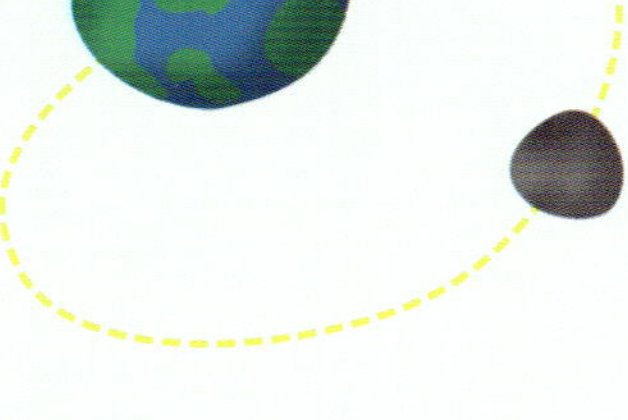
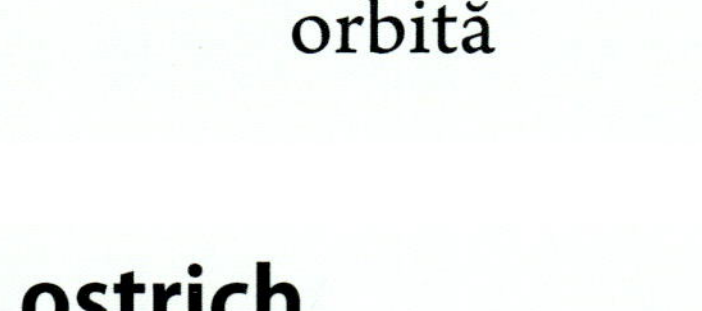

orbită

orchard

livadă

orchestra

orchestră

ostrich

struț

otter

vidră

oval

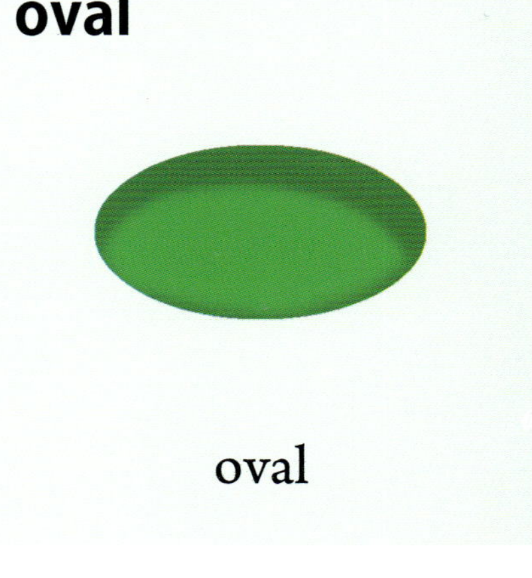

oval

oven

cuptor

owl

bufniță

ox

bou

packet

pachet

page

pagină

pain

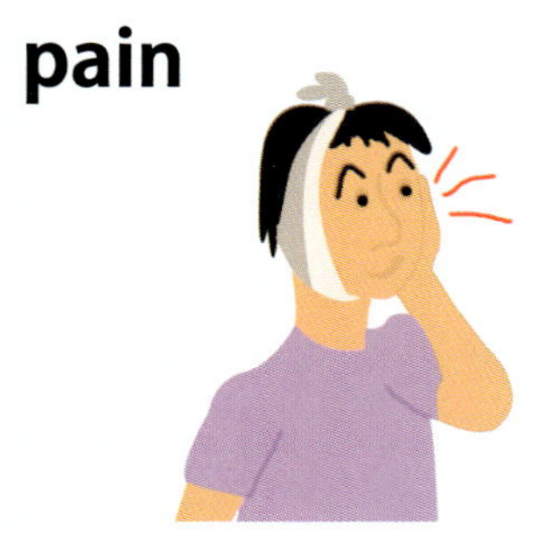

durere

paint

vopsea

painting

pictură

pair

pereche

palace

palat

palm

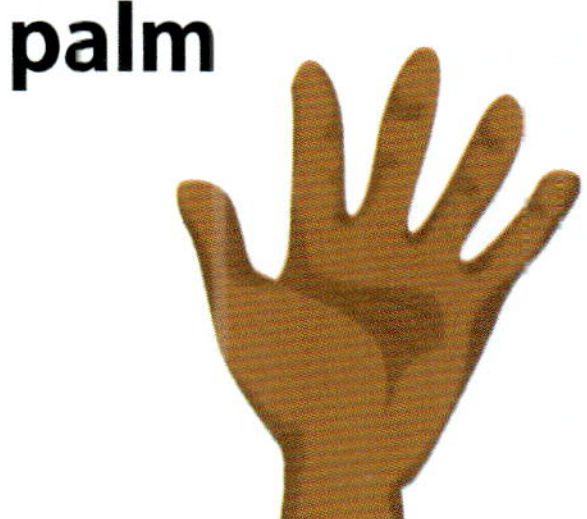

palmă

pan

tigaie

pancake

clătită

panda

panda

papaya

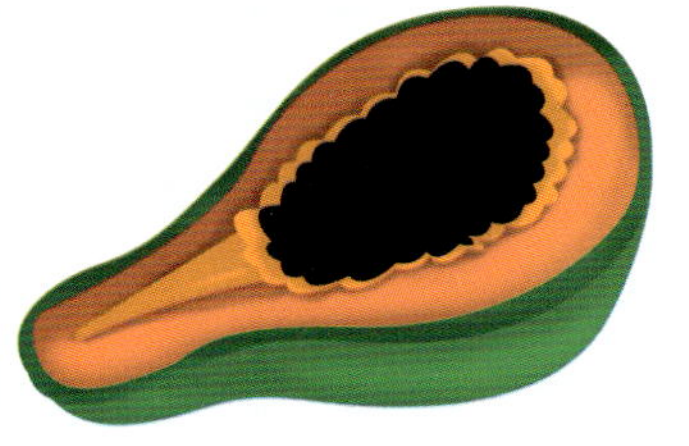

papaya

paper

hârtie

parachute

parașută

a b c d e f g h i j k l m n o p q r s t u v w x y z

parcel

colet

park

parc

parrot

papagal

passenger

pasager

pasta

paste

pastry

patiserie

pavement

trotuar

paw

labă

pea

mazăre

peach

piersică

peacock

păun

peak

vârf

peanut

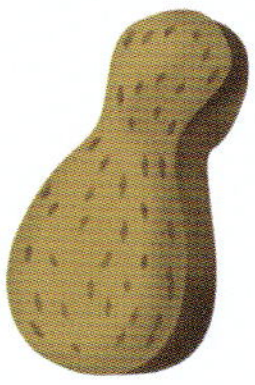

alună

pear

pară

pearl

perlă

pedal

pedală

pelican

pelican

pen

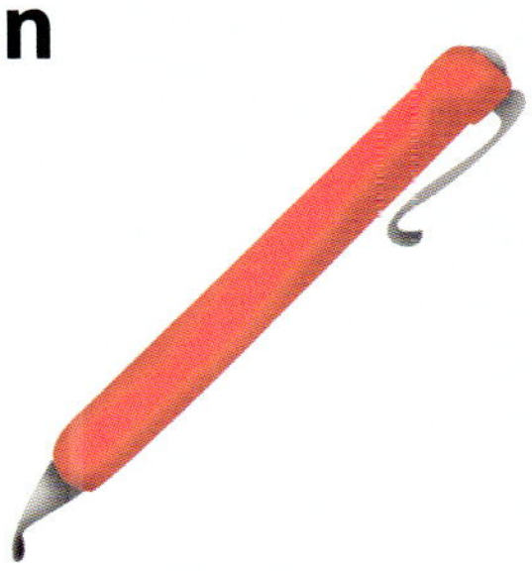

stilou

pencil

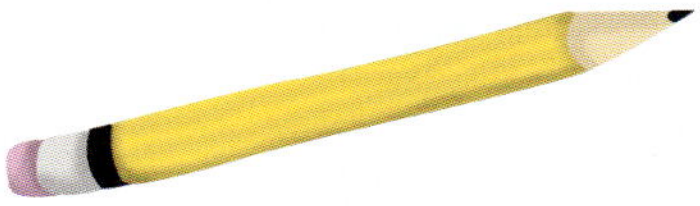

creion

penguin

pinguin

pepper

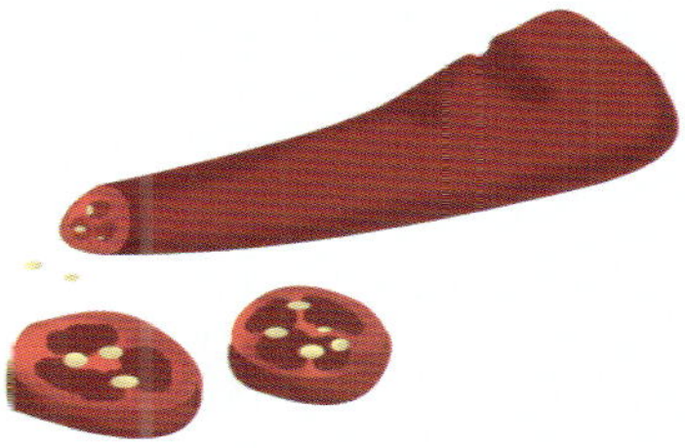

ardei

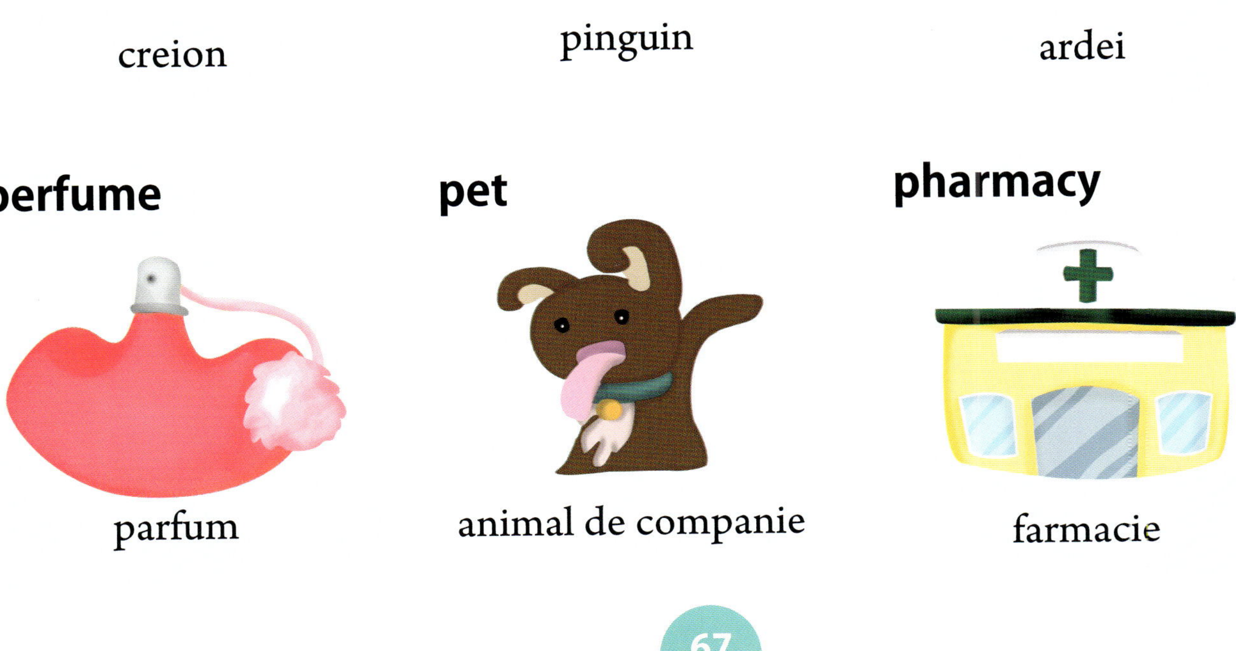

perfume

parfum

pet

animal de companie

pharmacy

farmacie

a b c d e f g h i j k l m n o p q r s t u v w x y z

photograph

fotografie

piano

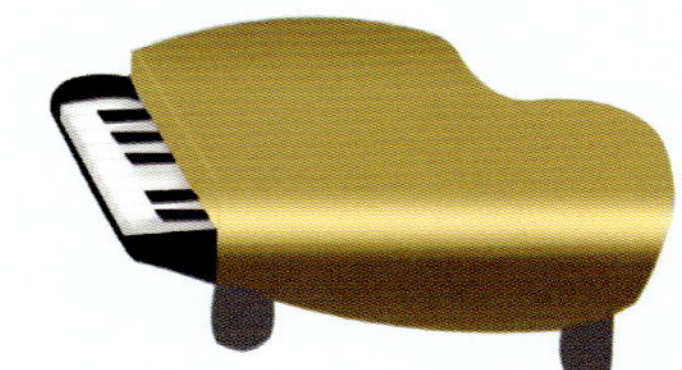

pian

picture

portret

pie

plăcintă

pig

porc

pigeon

porumbel

pillar

stâlp

pillow

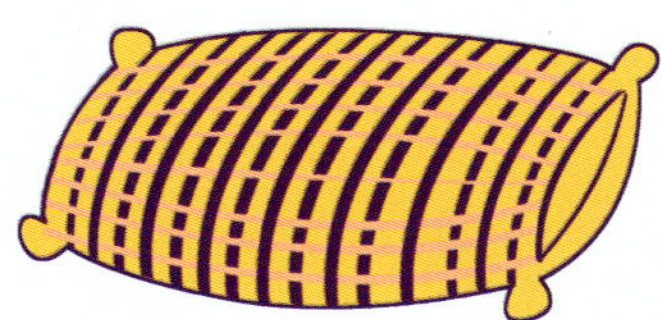

pernă

pilot

pilot

pineapple

ananas

pink

roz

pipe

țeavă

pizza

pizza

planet

planetă

plant

plantă

plate

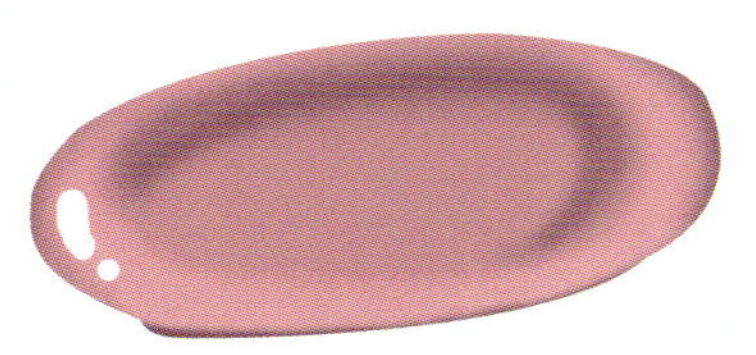

farfurie

platform

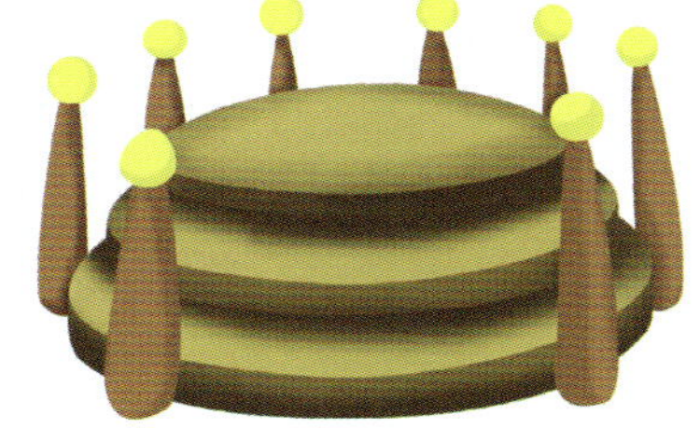

platformă

platypus

ornitorinc

player

jucător

plum

prună

plumber

instalator

plywood

placaj

pocket

buzunar

poet

poet

a b c d e f g h i j k l m n o p q r s t u v w x y z

polar bear

urs polar

police

poliție

pollution

poluare

pomegranate

rodie

pond

iaz

porcupine

porc spinos

port

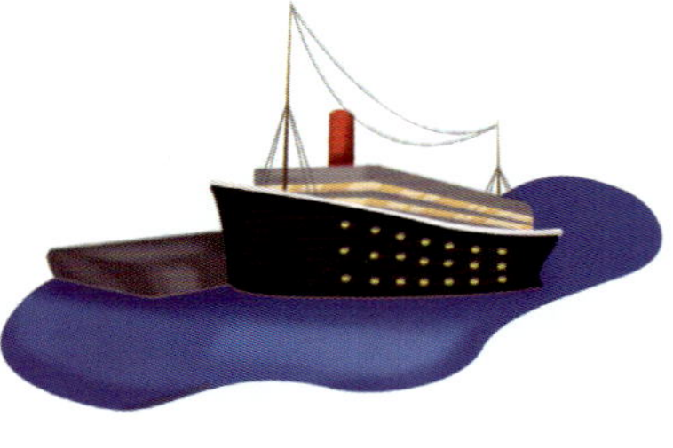

port

porter

portar

postcard

vedere

postman

poștaș

post office

oficiu poștal

pot

vas

potato

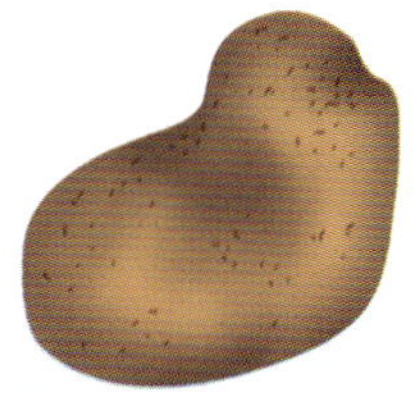

cartof

powder

pudră

prawn
US English **shrimp**

crevetă

priest

preot

prince

prinț

prison

închisoare

pudding

budincă

pump

pompă

pumpkin

dovleac

puppet

marionetă

puppy

cățeluș

purse

poșetă

a b c d e f g h i j k l m n o p q r s t u v w x y z

quail

prepeliță

quarry

carieră

queen

regină

queue

coadă

quiver

tolbă

Rr

rabbit

iepure

rack

cremalieră

racket

rachetă

radio

radio

radish

ridiche

raft

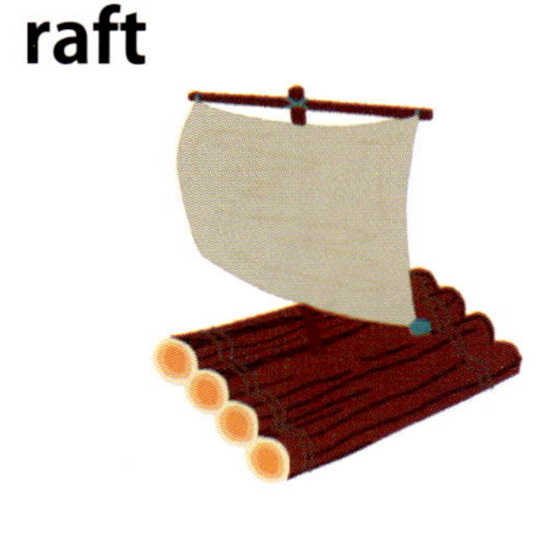

plută

rain

ploaie

rainbow

curcubeu

raisin

stafidă

ramp

rampă

raspberry

zmeură

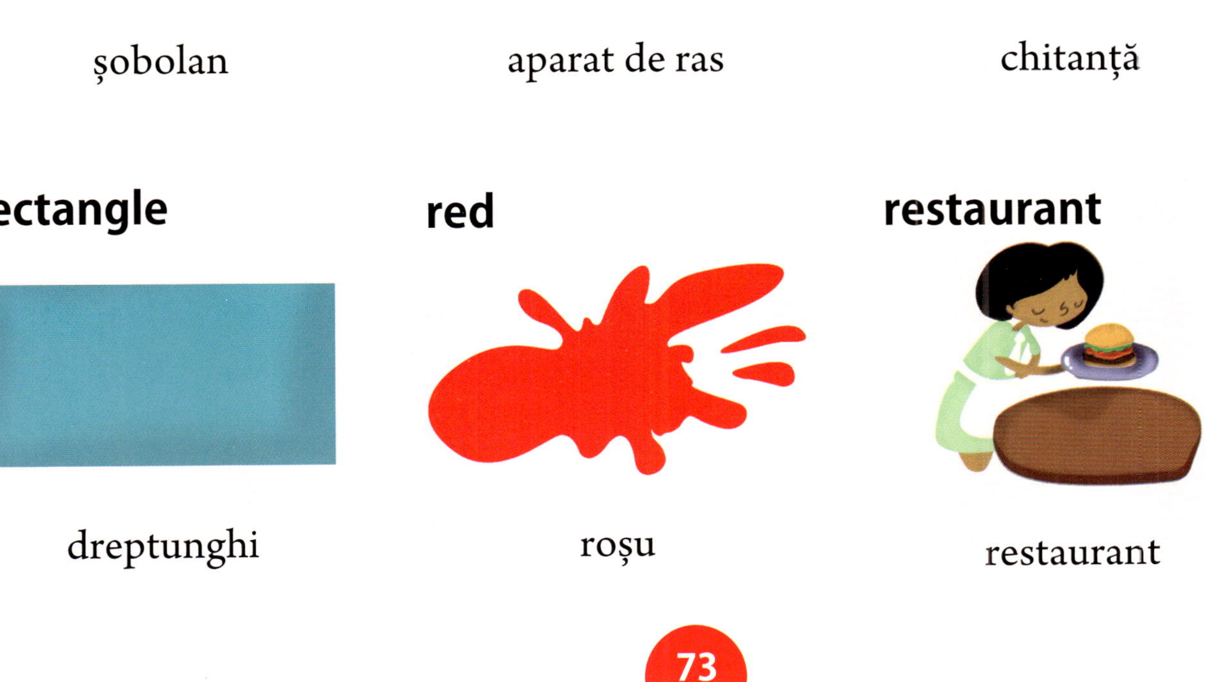

rat

şobolan

razor

aparat de ras

receipt

chitanţă

rectangle

dreptunghi

red

roşu

restaurant

restaurant

a b c d e f g h i j k l m n o p q r s t u v w x y z

rhinoceros

rinocer

rib

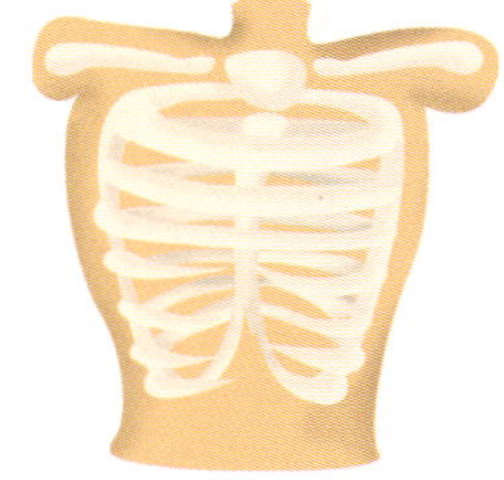

coastă

ribbon

panglică

rice

orez

ring

inel

river

râu

road

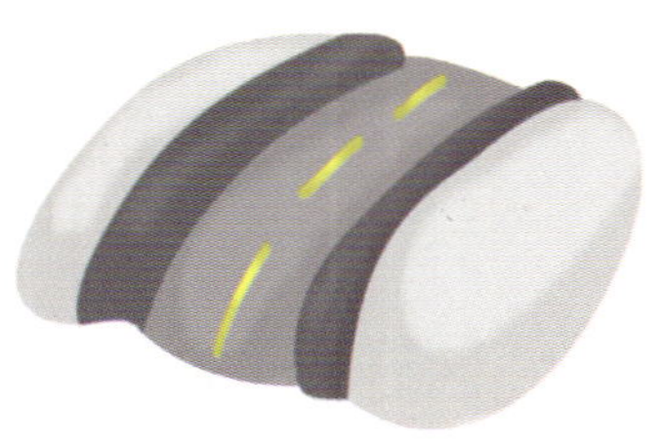

drum

robber

tâlhar

robe

halat

robot

robot

rock

rocă

rocket

rachetă

roller coaster

roller coaster

room

cameră

root

rădăcină

rope

frânghie

rose

trandafir

round

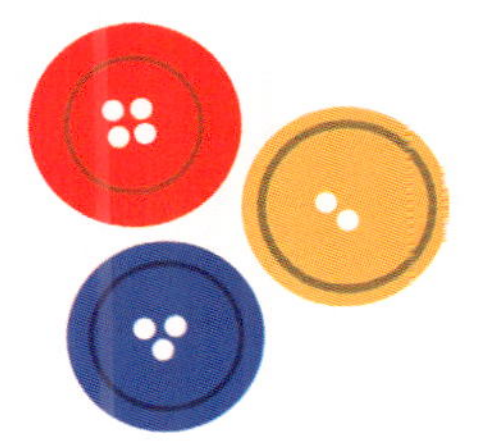

rotund

rug

covor

rugby

rugbi

ruler

linie

Ss

sack

sac

sail

velă

a b c d e f g h i j k l m n o p q r s t u v w x y z

sailor

marinar

salad

salată

salt

sare

sand

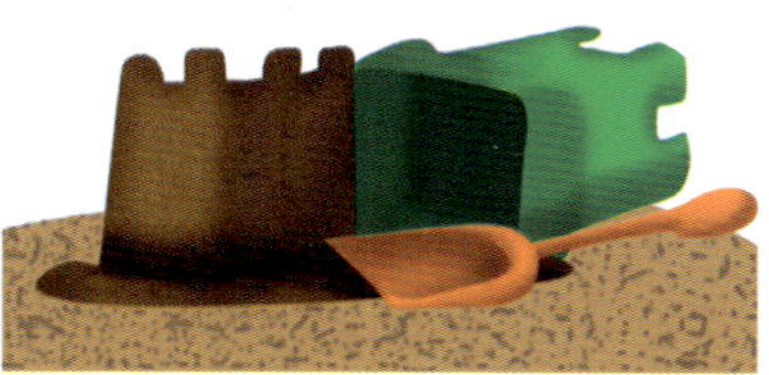

nisip

sandwich

sandwich

satellite

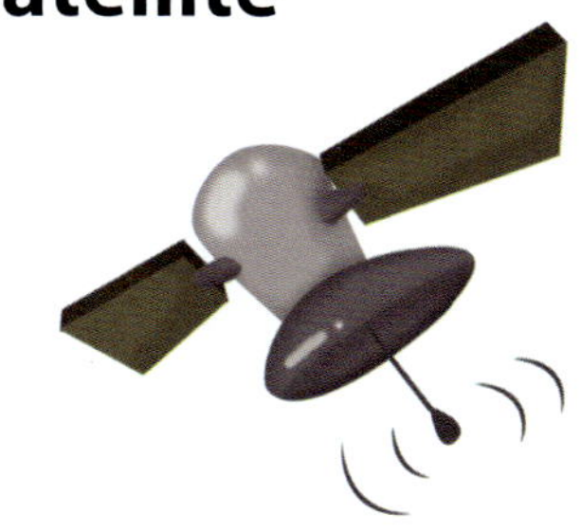

satelit

saucer

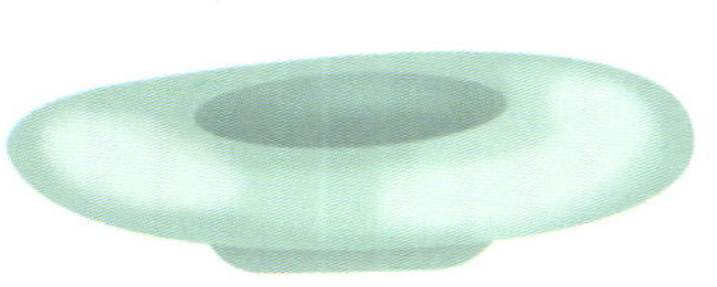

farfurie

sausage

cârnat

saw

ferăstrău

scarf

eșarfă

school

școală

scissors

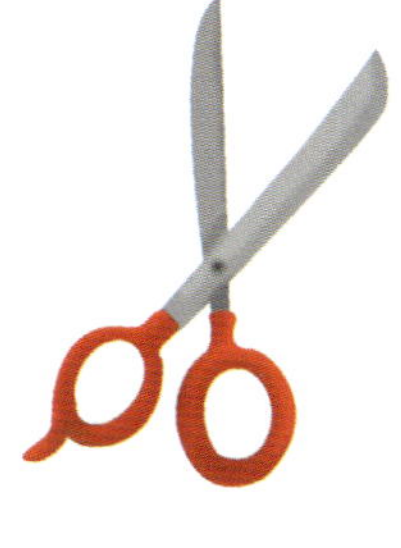

foarfece

scooter

scuter

scorpion

scorpion

screw

şurub

sea

mare

seal

focă

seat

loc

see-saw

balansoar

seven

şapte

shadow

umbră

shampoo

şampon

shark

rechin

sheep

oaie

a b c d e f g h i j k l m n o p q r s t u v w x y z

shelf

raft

shell

scoică

shelter

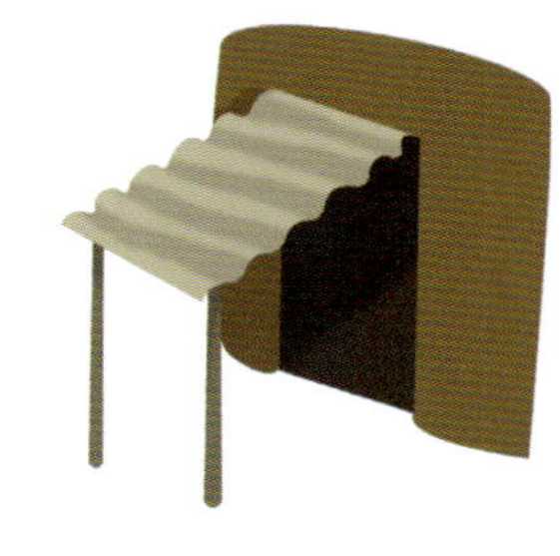

adăpost

ship

navă

shirt

cămașă

shoe

pantof

shorts

pantaloni scurți

shoulder

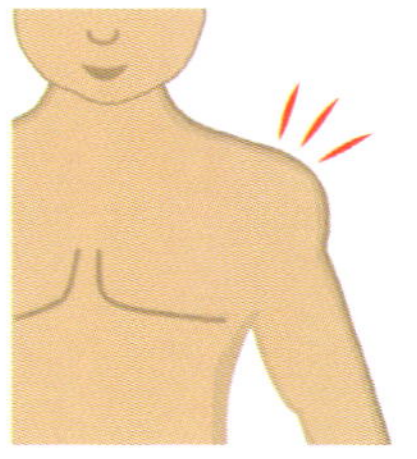

umăr

shower

duș

shutter

oblon

shuttlecock

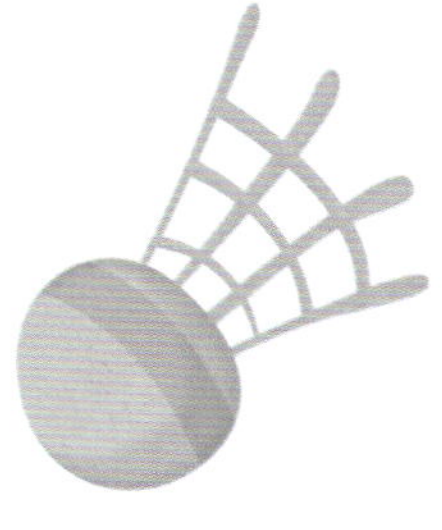

fluturaș

signal

semnal

silver

argint

sink

chiuvetă

sister

soră

six

șase

skate

patină

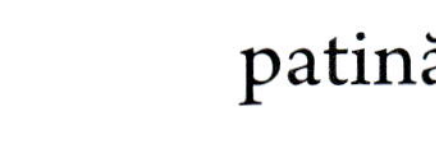

skeleton

schelet

ski

schi

skin

piele

skirt

fustă

skull

craniu

sky

cer

skyscraper

zgârie nori

a b c d e f g h i j k l m n o p q r s t u v w x y z

slide

tobogan

slipper

papuc de casă

smoke

fum

snail

melc

snake

șarpe

snow

zăpadă

soap

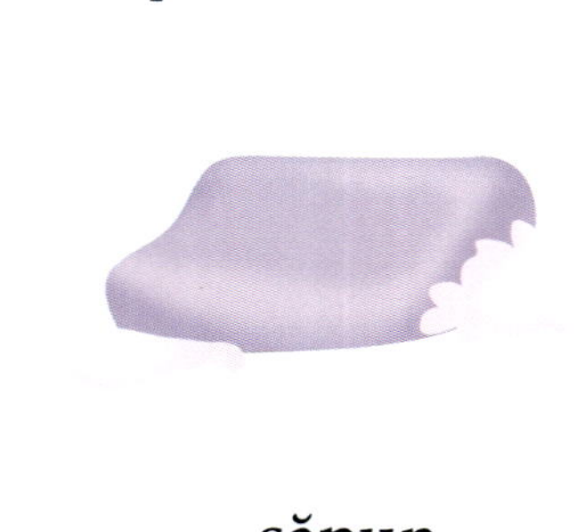

săpun

sock

șosetă

sofa

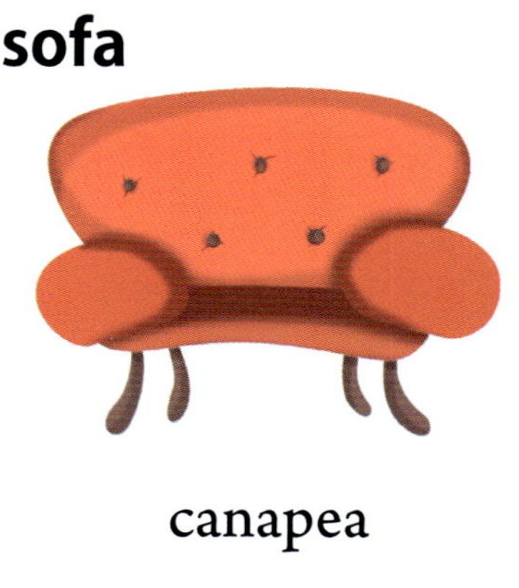

canapea

soil

sol

soldier

soldat

soup

supă

space

spațiu

spaghetti

spagheti

sphere

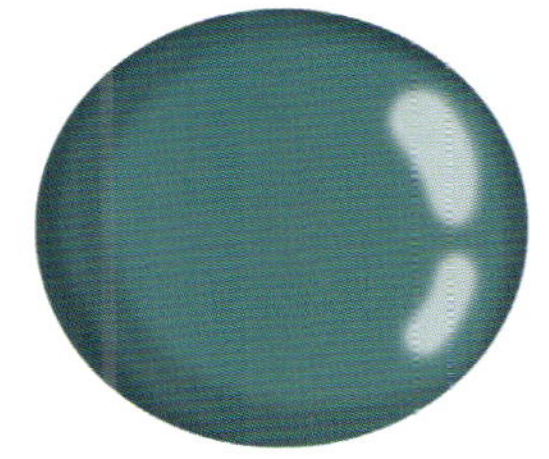

sferă

spider

păianjen

spinach

spanac

sponge

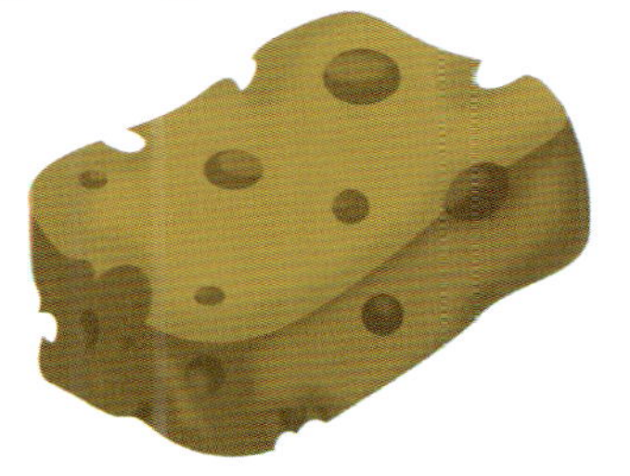

burete

spoon

lingură

spray

spray

spring

primăvara

square

pătrat

squirrel

veveriță

stadium

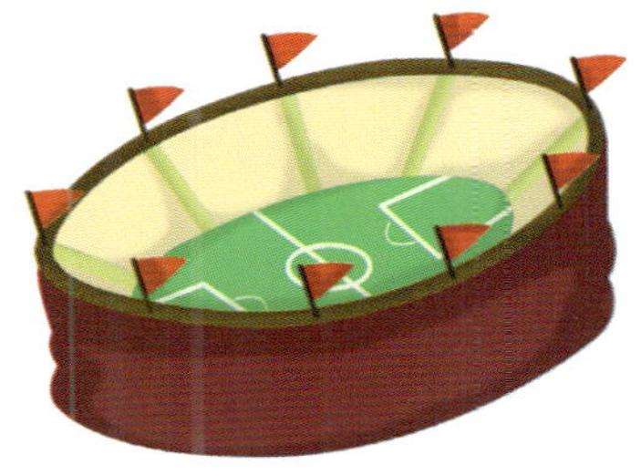

stadion

stairs

scări

stamp

timbru

star

stea

station

stație

statue

statuie

stethoscope

stetoscop

stomach

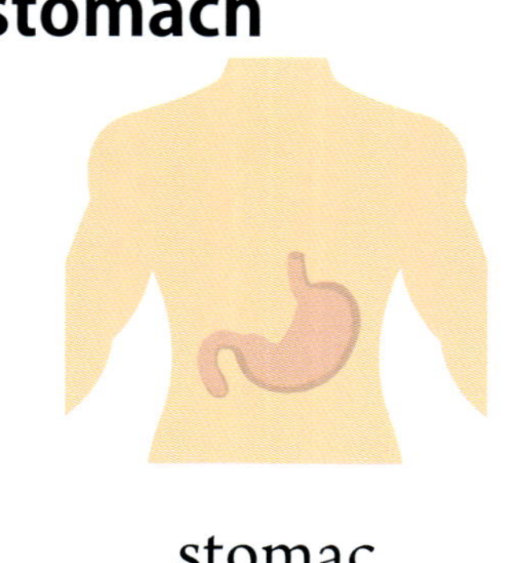

stomac

stone

piatră

storm

furtună

straw

pai

strawberry

căpșună

street

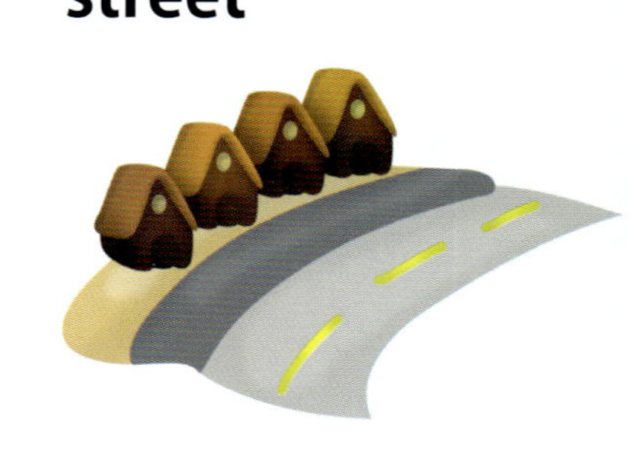

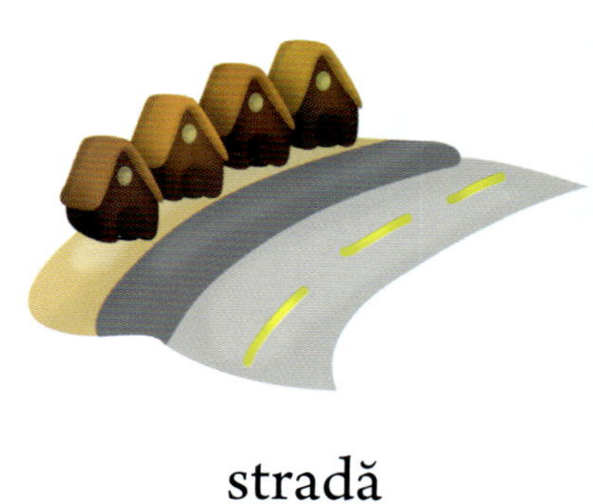

stradă

student

elev

submarine

submarin

subway

metrou

sugar

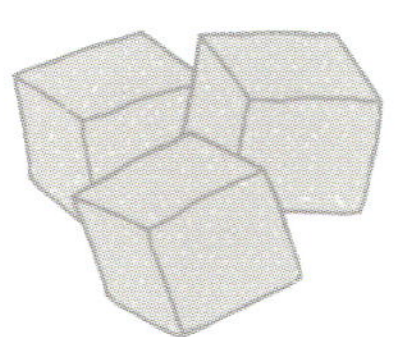

zahăr

sugarcane

trestie de zahăr

summer

vară

sun

soare

supermarket

supermarket

swan

lebădă

sweet

dulce

swimming pool

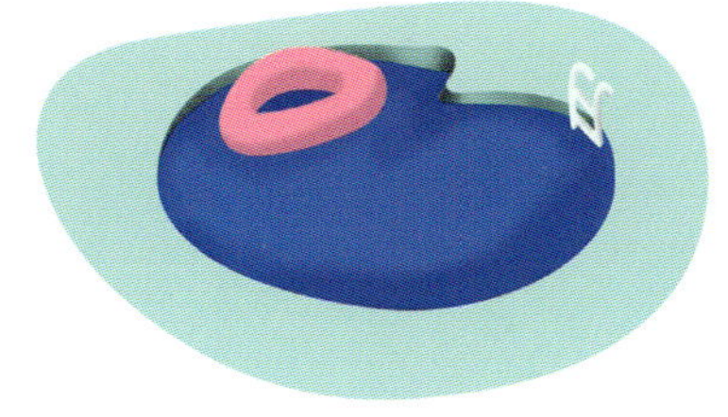

piscină

swimsuit

costum de baie

swing

leagăn

switch

întrerupător

syrup

sirop

table

masă

tall

înalt

tank

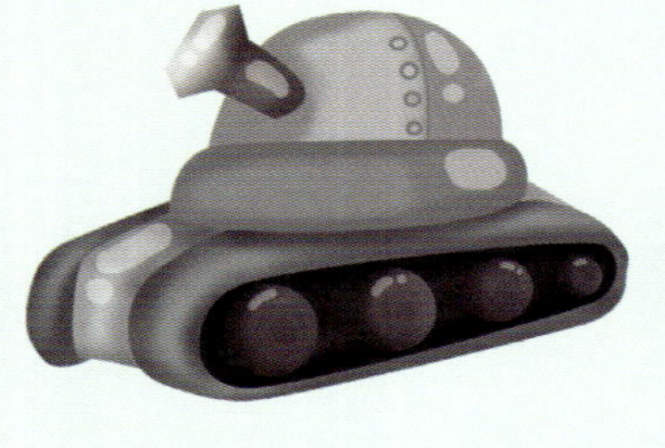

tanc

taxi

taxi

tea

ceai

teacher

profesor

teeth

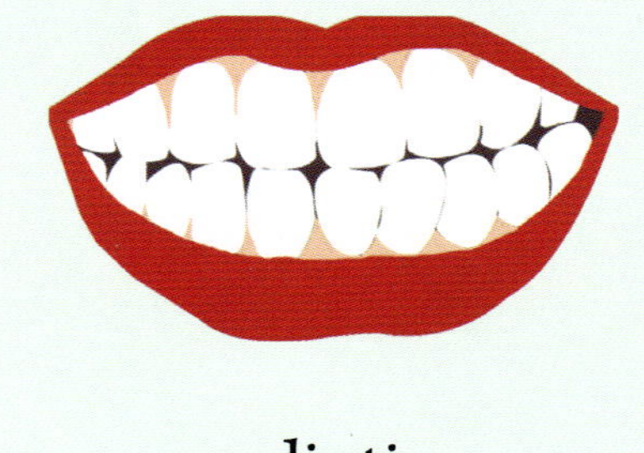

dinți

telephone

telefon

television

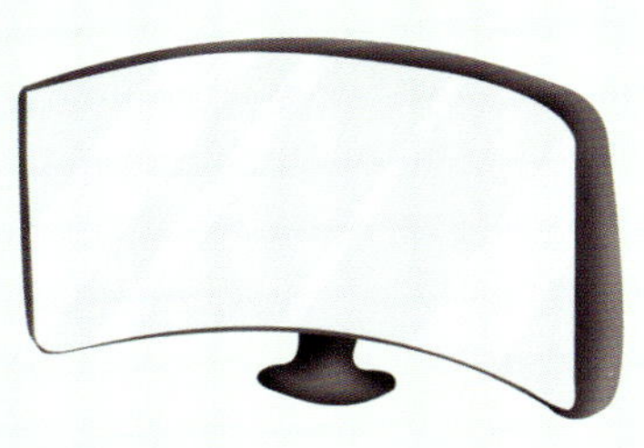

televizor

ten

zece

tennis

tenis

tent

cort

thief

hoț

thread

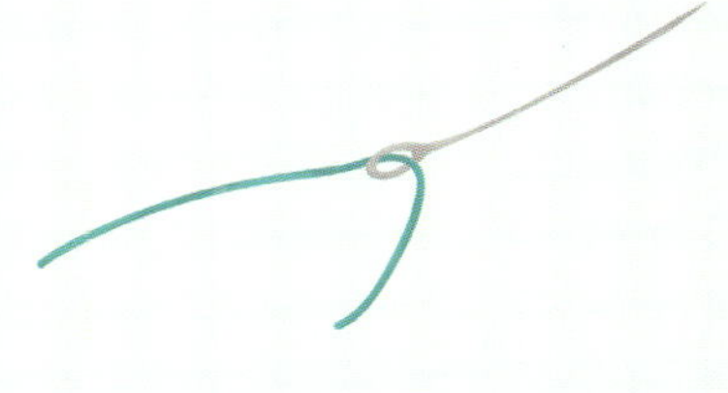

fir

three

trei

throat

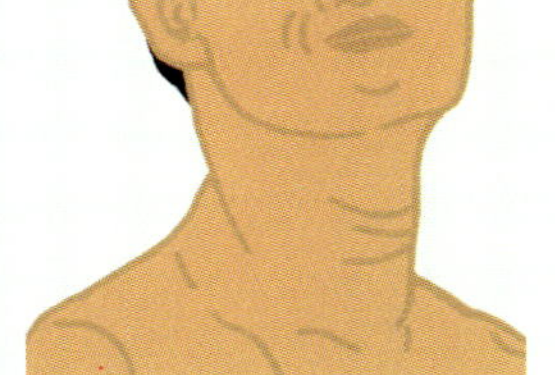

gât

thumb

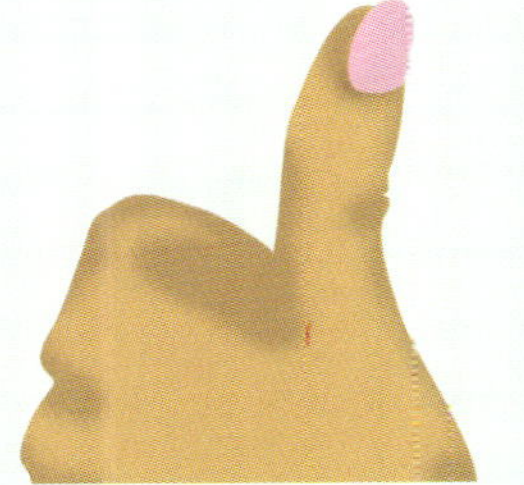

degetul mare

ticket

bilet

tiger

tigru

toe

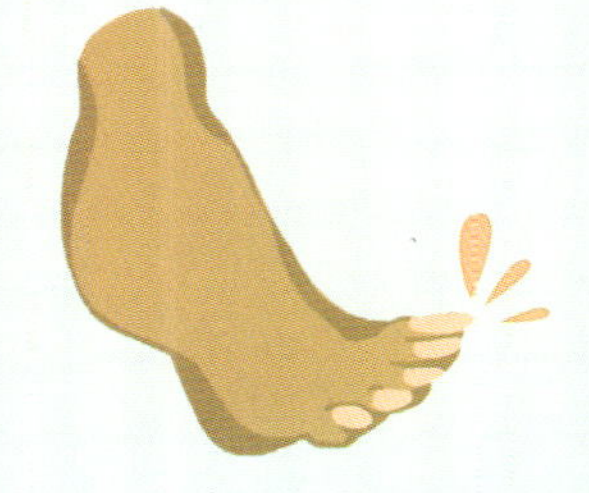

deget de la picior

a b c d e f g h i j k l m n o p q r s t u v w x y z

tofu

tofu

tomato

roșie

tongue

limbă

tool

unealtă

toothbrush

periuță de dinți

toothpaste

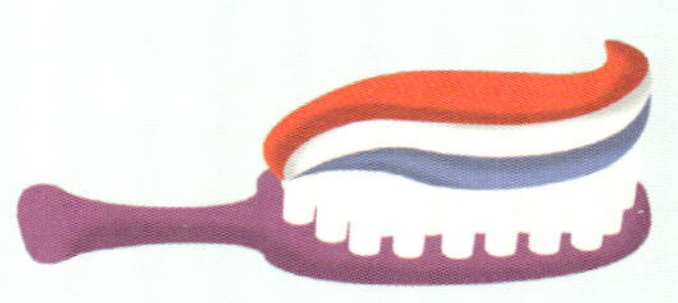

pastă de dinți

tortoise

broască țestoasă

towel

prosop

tower

turn

toy

jucărie

tractor

tractor

train

tren

tree

copac

triangle

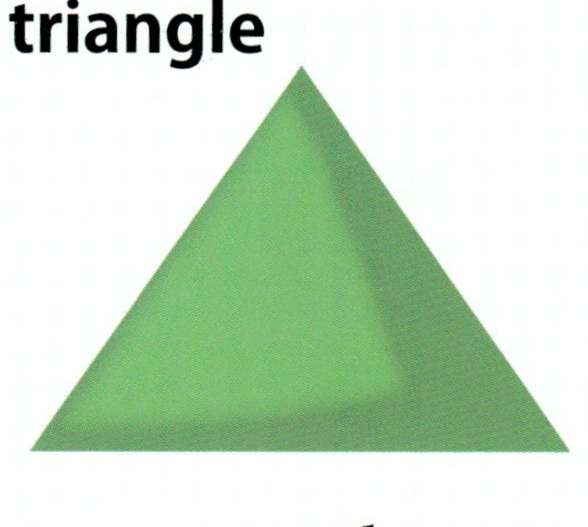

triunghi

tub

cadă

tunnel

tunel

turnip

gulie

tyre

US English **tire**

cauciuc

umbrella

umbrelă

uncle

unchi

uniform

uniformă

university

universitate

utensil

tacâm

a b c d e f g h i j k l m n o p q r s t u v w x y z

vacuum cleaner

aspirator

valley

vale

van

dubă

vase

vază

vault

seif

vegetable

legumă

veil

văl

vet

veterinar

village

sat

violet

violet

violin

vioară

volcano

vulcan

volleyball

volei

vulture

uliu

Ww

waist

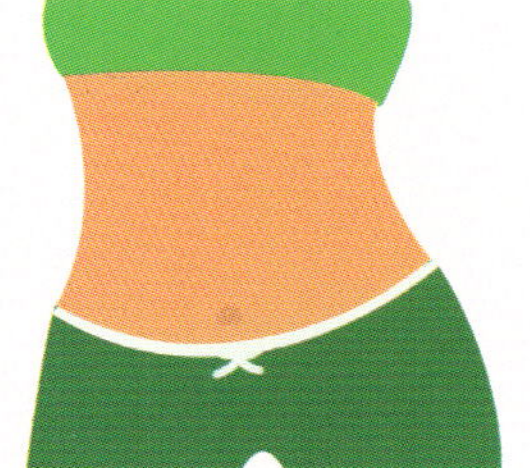

talie

waitress

ospătăriță

wall

perete

wallet

portofel

walnut

nucă

wand

baghetă

wardrobe

garderobă

warehouse

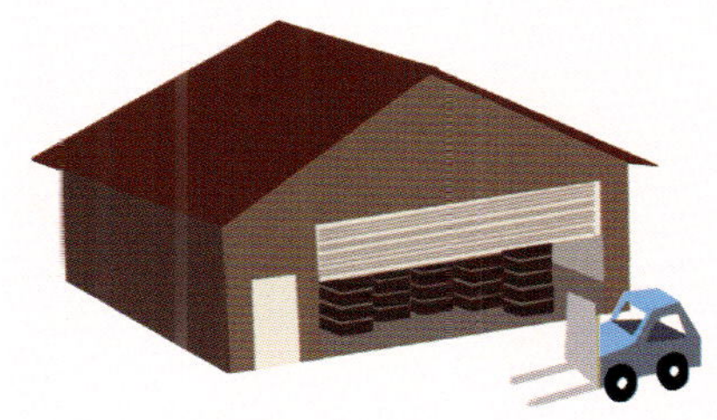

depozit

a
b
c
d
e
f
g
h
i
j
k
l
m
n
o
p
q
r
s
t
u
v
w
x
y
z

wasp

viespe

watch

ceas de mână

water

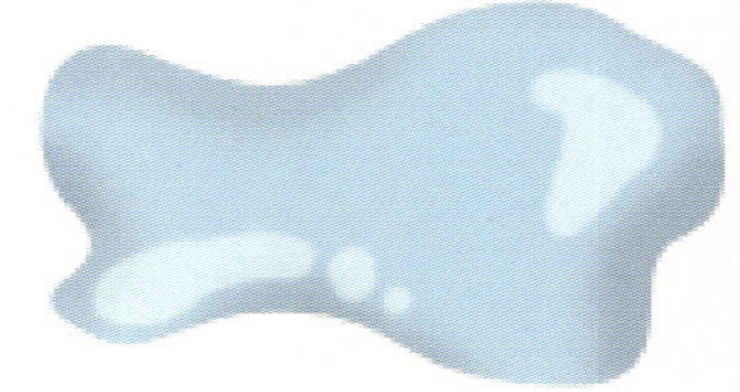

apă

watermelon

pepene roșu

web

pânză

whale

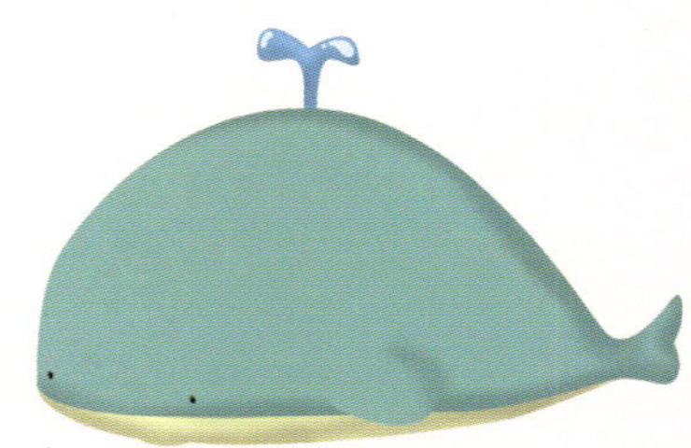

balenă

wheat

grâu

wheel

volan

whistle

fluier

white

alb

wife

soție

window

fereastră

wing

aripă

winter

iarnă

wizard

vrăjitor

wolf

lup

woman

femeie

woodpecker

ciocănitoare

wool

lână

workshop

atelier

wrist

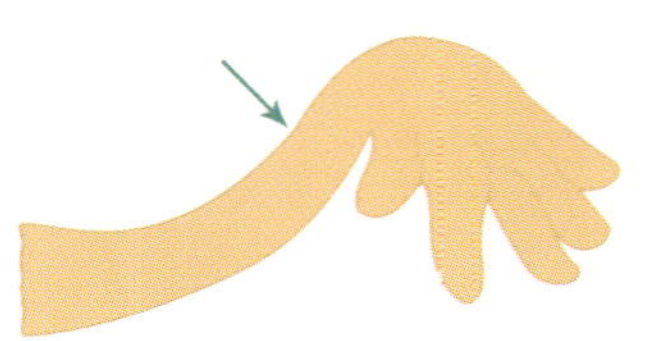

încheietură

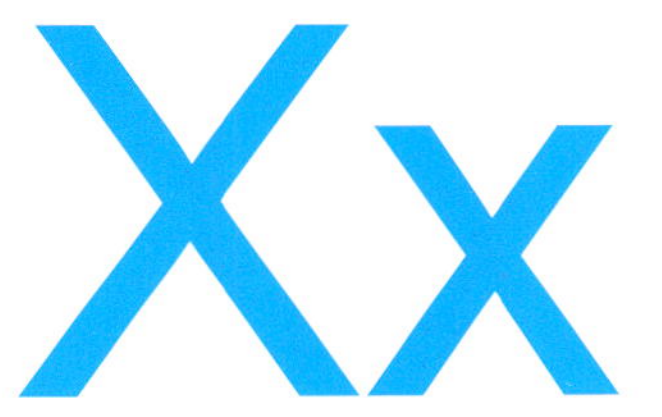

x-ray

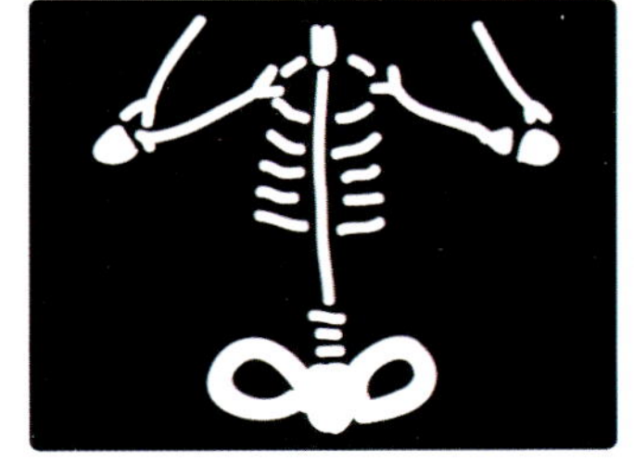

radiografie

xylophone

xilofon

yacht

iaht

yak

iac

yard

curte

yellow

galben

yoghurt

iaurt

zebra

zebră

zero

zero

zip

fermoar

zodiac

zodiac

zoo

grădină zoologică